グロービスMBAで教えている

交渉術の基本

7つのストーリーで学ぶ
世界標準のスキル

グロービス＝著

ダイヤモンド社

はじめに

皆さんは、「交渉術」あるいは「交渉力のある人」といった言葉から、どのような印象を持ちますか。人質を取って立てこもった凶悪犯に対し、時にはなだめ、時には脅しながら話し合い、投降を促すこわもての刑事でしょうか。あるいは、テレビカメラの前では大げさな笑顔で握手を交わしながらも、密室の中では激論を闘わせたのであろう、外交舞台における政治家や高官の姿でしょうか。

ビジネスにおける「交渉」についてはどうでしょう。ともすると企業買収の場面に出てくる渉外弁護士や投資銀行の社員、あるいは労使交渉の場面における人事部と組合代表というように、限定された場面に出てくる特別な立場の人が行うものという認識があるかもしれません。日常的なビジネスシーンでの「交渉」というと、「交渉力」というよりむしろ「営業力」「プレゼンテーション力」という観点から語られることが多いのではないでしょうか。

このように、「交渉」という言葉には、もしかするとやや敵対的な「駆け引き」、「獲るか獲られるかの争い」といったイメージが付いているかもしれません。しかし本書では、「交渉」とはビジネスパーソンにとってもっと身近で重要なスキルであり、お互いにとってもっと優しく友好的で役に立つものだと考えています。交渉は、お互いの意思や利害を調整し補完し合って、何らかの合意を得ることを通じて双方にとってよい結果をもたらそうとする営みです。このように捉えると、交渉はあらゆるビジネスの中でごく日常的に行われていることが分かります。

特に昨今のビジネス環境は、グローバル化の進展をはじめとして不確実性が格段に増しています。従来の業界慣習や社内の決まりごと通りに仕事を進めていればよいというわけにはいかなくなりました。これまで以上に、価値観や規範の異なる人々を相手として、今までになかった新しい価値を創造しなければならない場面が増えてきています。しかも、こうした機会は決してトップだけのものではなく、組織のあらゆる階層の人々が、それぞれの立場で直面するものでもあります。

こうした状況を考えると、これからのビジネスパーソンにとって、「交渉」を通じて相手との利害を調整しつつ双方に価値ある結果を作り出すスキルは、組織から求められるという意味でも、自分のプレゼンスを高め、やりたいことを成し遂げるためという意味でも、必須のものと言えるでしょう。

交渉のスキルについては、かねてより欧米のMBAコースで教えられるような、交渉を構造として捉える考え方が紹介されてきました。本書では、そうした基本的概念を押さえつつ、交渉の専門家向けに留まらず、また敵対的な「獲るか獲られるか」式の構図に留まらない、より広範にビジネスパーソンが知っておくべきことをまとめました。

本書の内容の概略は次の通りです。

序章では、まず交渉の目的や意義について、単なる駆け引きに留まらず交渉によって価値を創造しようとする姿勢を紹介し、第1章では交渉を理解するための基本的な概念や典型的な交渉の進め方を解説します。将棋にたとえていえば、駒の動かし方や基本的な戦法を解説するパートです。第2章では、現代のビジネスシーンで特に重要になっている価値創造型交渉の進め方について、より詳細に解説していきます。そして第3章では、交渉において価値創造を伴う合意を実現する際に難所となる点とその克服方法を紹介し、第4章では、実際の交渉戦略立案から実行までの流れ、よく知られているテクニックの数々を解説していきます。ただし、最後のテクニックに関しては「これらをぜひ使ってみましょう」というよりは、「相手から仕掛けられたとき自分が不利にならないよう対処法を知っておく」ための知識という位置づけです。

全体を通して、汎用性のある理論や枠組みをなるべく手広く紹介すると同時に、ビジネスの現場で起こりそうなストーリーを何種類も交えることで、実務への応用をイメージしやすい記述を試みました。

本書が、明日のビジネスを創造、変革しようとしている方々にとって、何らかの示唆となれば幸いです。

目　次

グロービスMBAで教えている

交渉術の基本

はじめに　i

序 章

何のための交渉か　1

STORY 1 大手企業との提携交渉
—弱い立場でも負けないために必要なこと　2

1 交渉の意義　7

2 交渉に臨む際の心構え　11

序章まとめ　16

第1章

交渉の構造を理解する　17

STORY 2 テナントの撤退意思は覆えるのか　18

1 交渉に関する基本概念　23

2 妥結へ向かう力学 …… 30
3 ストーリーに沿った分析 …… 43
COLUMN 交渉の構造と対人スキル …… 47
第1章まとめ …… 49

第2章 めざすは価値創造型の交渉

51

1 価値創造型交渉とは …… 52
STORY 3 ソフトウェアの販売権をめぐる攻防 …… 52
1 価値創造のメカニズム …… 58
2 価値を創造する「違い」とは …… 62

2 どのようにして価値を創造していくか …… 70
STORY 4 企業合併―どちらの情報システムに統一するか …… 70
1 「価値の違い」を把握するコミュニケーション …… 76
2 双方が協力するインセンティブを設計する …… 81
COLUMN 交渉テーブルの「セットアップ」自体を操作する …… 84
第2章まとめ …… 86

第3章 妥結を阻むさまざまな障害とその克服法

87

1 交渉の障害となるものの全体像 …… 88

2 認知バイアス …… 90

STORY 5 ECサイトの制作で仕様変更が起こる訳 …… 90

1 アンカリングとフレーミング …… 94

2 交渉における認知バイアスへの対処 …… 104

3 心理的バイアス …… 109

STORY 6 地方再開発計画コンペで負けた理由 …… 109

1 勝とうとするバイアス …… 113

2 自分を飾るバイアス …… 116

3 心理的バイアスに対応する …… 124

第3章まとめ …… 129

第4章 交渉のプロセスの実際

131

STORY 7 社内新規プロジェクトに人を出せ!?
—チームリーダーの苦悩と解決 …… 132

1　状況を客観的に捉える …… 138
1　交渉の目的と前提条件の確認 …… 138
2　関係者の整理 …… 141
2　相手と自分、それぞれの視点で考える …… 146
1　相手の視点で考える …… 146
COLUMN　規範と属性 …… 153
2　自分のミッションを明確化する …… 155
3　交渉を進め、決着に導く …… 158
1　交渉の舞台を設計する …… 159
COLUMN　交渉そのものを回避する可能性 …… 165
COLUMN　チームによる交渉と複層的交渉 …… 166
2　合理的決着を妨げる感情に対応する …… 169
3　規範のすり合わせ …… 175
4　価値分配的な交渉場面での留意点 …… 177
4　よくある交渉戦術を理解する …… 181
第4章まとめ …… 188

おわりに　189
参考文献　192

序　章

何のための交渉か

大手企業との提携交渉
―弱い立場でも負けないために必要なこと

富川裕哉は、中堅精密機器メーカー、テクノピース社の営業課長である。同社はさまざまなセンサーの開発・製造を主業務としており、中でも呼吸や血圧のセンサーなど医療用機器の部品にいくつかの特許を持っていた。医療用機器メーカーの大手数社を顧客に持ち、業績は比較的安定している。

そんな中、グローバルに展開する大手電子機器メーカーのマーズ社から業務提携の提案が持ち込まれた。同社が開発しようとしているウェアラブル情報端末に、テクノピースのセンサー技術を導入できないかというのだ。降ってわいたビジネスチャンスに社内は大騒ぎとなったが、落ち着いてみるとなかなか舵取りの難しい問題だということが分かってきた。

何と言ってもマーズは、知名度も資金力もテクノピースとは段違いで、圧倒的に格上の存在であった。医療用センサーの開発ノウハウがないことからテクノピースとの提携を考えたという意図は分かるが、どうしてもテクノピースでないとできないような技術が欲しいのかどうかは現段階では分からない。ちょっとしたきっかけで「お宅とはもう結構。別の会社を探します」と交渉が決裂してしまうかもしれないし、逆に「どんなことをしても、テクノピースの技術が欲しいのだ」と敵対的買収を仕掛けられるかもしれなかった。

かといって、マーズの言いなりに部品を作ったり、開発を受託したりするだけでは、本業に支障が出る懸念があった。テクノピースはこれまで、一般消費者向けの家電メーカーとの取引経験がない。納入先としてマーズが要求してくるスピード感や品質管理水準は、これまでの医療用機器メーカーのそれとはかなり異なることが予想された。

経営陣は緊急の会議を重ね、別組織を立ち上げてマーズと共同で開発・製造をしていくという形が望ましいとの結論に至った。この形自体は、変化の激しい業界で新商品を共同開発していくときに、一般的によく採られるパターンの一つである。マーズの方もそう提案してくる可能性は高いと言えた。問題はその別組織をどう運営していくか、たとえば合弁会社とするなら出資割合はいくらか、経営陣はどういう構成か、その組織の挙げた成果をどう分配するのかといった点である。

富川は、上司にあたる取締役営業部長の柴田とともに、マーズとの交渉役に命じられた。光栄なことだと嬉しく思う反面、上手く進めることができるのか不安は増す一方だった。こうした提携交渉の経験などもちろんなく、交渉の「落とし所」も全く見当がつかない。とにかく「なるべく対等に。ナメられて不利な条件を飲まされないように」という思いはあるものの、「交渉力は向こうの方が圧倒的に強い。何か言ってきたらどう対抗するのか。ノーと言うことなんてできるのか」とも考えるのだった。

いよいよ初交渉という日、こちらからは柴田、富川に加えて、営業課のスタッフ2名と、財務部長、開発部長の6名でマーズ社のオフィスに乗り込んだ。通された会議室に、少し遅れて現れた先方の担当者はシュミットと名乗った。名刺の肩書きは「特任プロジェクト・リーダー」とあった。日本に来て5年目と自己紹介し、日本語はまずまず流暢だったが、年齢は見かけからは分からない。もう一人日本人が同席したが、彼はシュミットのアシスタントという感じだった。

（うーむ、グローバル企業だから当然かもしれないが、外国人との交渉になるのか。大丈夫かな）。富川は、内心焦りを感じた。落ち着いて高級感のある応接室ではなく、いかにも日常的に使用されているらしい会議室に通されたことも、こちらは6名で出てきたのに向こうは2名、しかも実質的な交渉役はシュミット一人きりと思われることも、先方の余裕ぶりを見せつけられているようで、プレッシャーとなった。

シュミットは、一通りの挨拶が終わると、用意してきた大量のペーパーを富川たちに配り、早速中身を読み上げ始めた。富川はついていくのがやっとだ。「合弁会社を立ち上げ……」と言っているので形式はこちらの意図通りでもあるとホッとするのもつかの間、社長はマーズから派遣する、また開発の結果できた特許の使用権は独占的にマーズに属する、等々さまざまな希望条件が語られた。最後に、シュミットはこう付け加えた。

「当社はグローバルな実績があり、評判も非常に高いです。貴社は日本での実績はあるかもしれませんが、規模は小さいですし、情報家電というジャンルでは実績は無いですね。いくつか厳しい条件とお感じになったかもしれませんが、こうした立場の違いを考慮すれば、おおむね妥当だと思っています。この点、ご理解いただきたい」
（思ったよりも強気な態度で出てきたな。さて、どこまで押し返せるか）と感じた富川は、思わず柴田の顔をうかがった。すると、柴田はこう答えた。
「現時点ではあなた方が大きく、私たちが小さいことはその通りです。しかし、私たちは、将来、私たちの技術によって医療・保健が飛躍的に便利になり、クオリティ・オブ・ライフが向上するというビジョンを持っていますし、その可能性は大きいと信じています。あなた方も最初はヨーロッパの小さな通信機会社から始めてここまで業績を伸ばしてこられましたが、私たちも同じようにこの技術をもっと世界に広めることができると信じています。したがって会社の大小にかかわらず、今回の提携を成功に導くよう、私たちなりに最善と考える方法を主張させてもらいます」
　シュミットは少し驚いた表情を見せたが、すぐに笑顔になりこう返した。
「すばらしい考えですね。特に『クオリティ・オブ・ライフを向上させる』という点は我々の会社も全く同じ思いです。もちろん、これからの交渉はフェアにやっていきますよ」
　富川は、さっと視界が開けるような思いがした。柴田の言葉には大いに勇気づけられたし、それに対してシュミットが社交辞令とは思えない、本心からの賛意を示したように感じたからだ。

その日はいったん話を聞いて対応を持ち帰ることにしたが、それ以後、柴田と2人でテクノピース側から提示する案の作成に自信を持って取り組んだ。要望があれば遠慮なく先方に投げかけることもできたし、案を作成するのに知りたい情報があればやはり遠慮なく先方に質問することもできた。もちろんこちらの言い分が全て通ることもなかったが、シュミットは最初の言葉どおり一貫して「フェアに」対応しており、気持ちよく議論することができた。

数カ月後、合弁会社設立の公式発表を間近に控えて、ささやかな宴席が設けられた。富川は、

「正直に申しますと、初回の交渉の前はもう不安でいっぱいでした。まして、会議室に現れたのがシュミットさんで、『ああ、どうしよう』と思ったものです」

シュミットはこう答えた。

「私も今だから申しますと、この交渉に入る前までは、御社はいくつかある提携候補のうちの一つという感じだったのですが、柴田さんのビジョンに関する話や対等に行きますという話を聞いて、『これは良い提携相手になりそうだ』と直感しましたね。一緒に将来を作っていく仲間だと感じられたことが大きかったと思います」

柴田はこのやりとりを聞いて照れたような微笑を浮かべるのだった。

1 交渉の意義

「はじめに」で書きましたとおり、私たちのビジネスシーンの中に「交渉」は溢れています。冒頭のストーリーは大企業との提携交渉という劇的な場面を選んで描いていますが、スケールの差や相手関係の違いこそあれ、自分が何らかの交渉役を任される場面は、読者の方々も幾度となく経験したことがあるのではないでしょうか。

このストーリーで初交渉に臨む前の富川は、以下のような状況に置かれます。
①相手はこちらの技術に興味があるので提携を持ちかけてきたことは分かっているが、どんな技術をどうしたいのか、そのこだわりの強さはどの程度かといった点が分かっていない
②相手と共同で組織を作るという大まかな提案は決まっているものの、具体的な条件をどう決着させたらいいかについてほとんど決めることができない
③「なるべく対等に。不利な条件を飲まされることのないように」という方針は自覚している一方で、双方の企業体力などを考慮すると自分たちの方が交渉力が弱いという認識もある

多くの方も同様に感じられたことと思いますが、これは交渉を進めていくには相当不利な状況です。富川も不安がいっぱいになりますし、先方から言われるがままになるのか、それを少

図表0-1　価値分配型交渉と価値創造型交渉

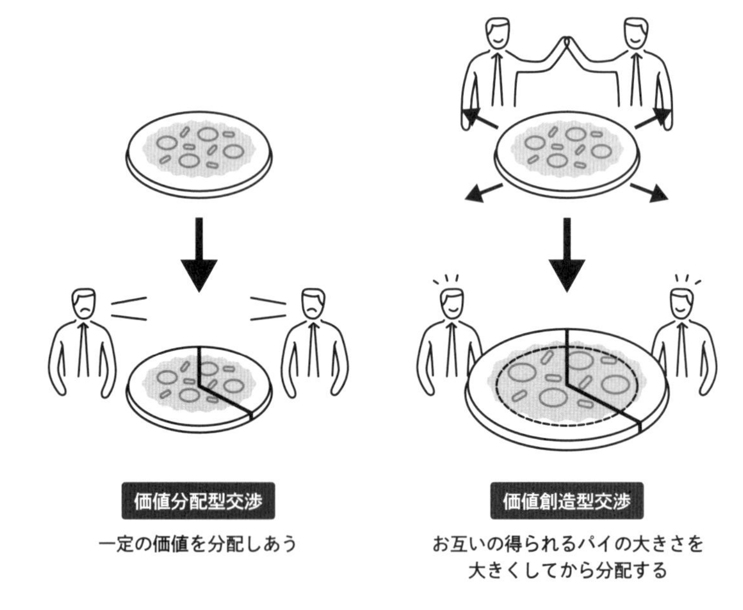

しでも押し返すにはどうすればいいのかという点に関心が集中してしまうのも無理もないかもしれません。

一方の要求（得）がもう一方の譲歩（損）になるような関係を、「ゼロサム」状況といいます。また、ゼロサム状況のなかである一定の価値をそれぞれがどれくらい得られるか分配しあう交渉を「価値分配型」交渉といいます。後の章でも触れますが、交渉事は全てこの価値分配型交渉だと見なしてしまう傾向がしばしばあります。こうした傾向のデメリットは、目先の短期的な損得勘定にとらわれてしまうことです。これに対して、双方が得られる価値の合計を最大化する、いわば「お互いの得られるパイの大きさ自体を大きくする」ことを目指す交渉を「価値創造型」交渉といいます。もともと交渉前に見えていた価値に、新たに生まれた価値を加えた上で、双方でそれを分配することになります。

ストーリーでは、柴田部長が双方の企業体力の差は関係なく、ビジョンを共有するという意味で対等の存在であり、互いに最善と思う方法を主張していくと宣言したことをきっかけに、交渉力の強いマーズ社もテクノピース社をパートナーとして認めるようになり、両社に信頼関係が生じ、その後は有益な交渉が展開されていきます。このような、双方にとってプラスの価値創造を追求する交渉を目指すことは十分可能ですし、本書が目指す姿でもあります。

さて、交渉を「上手く進める力」は、価値を創造するという意義はもちろんですが、ビジネスパーソンの能力開発という意味合いからみても、とても重要です。なぜなら、ビジネスにおいて交渉はしばしば組織対組織の形で行われ、交渉者は組織の代表者（代弁者）という立場にもなるからです。冒頭ストーリーで、富川や柴田はテクノピース社を代表する立場となりますし、それはマーズ社のシュミットについても同様です。ある組織でリーダーシップを発揮していきたいと希望するならば、組織を代表して適切な交渉ができる力は、重要な意味を持つのです。

これは見方を変えれば、ある組織のリーダーの交渉スタイルや上手下手がその人の属する組織の印象となるということでもあります。「あの会社は話の進め方が強引だ」「あの会社はおっとりしているから、付け込みやすい」といったたぐいの噂話を聞いたことのある人は多いでしょう。ビジネスリーダーにとっては、交渉力とはその評価に直結するスキルの一つなのです。

さらに、交渉力は、どのような環境でも比較的影響を受けずに発揮できる「ポータブル」なスキルでもあります。人材の流動化が進み、また合併や買収など業界環境の変化が激しくなっている昨今では、以前交渉の相手だった人と別の会社、別の立場で再会したり、自身が転職をするときに「あの案件の交渉役として取りまとめに尽力しました」と実績アピールに使えたりする可能性が増えていることでしょう。またたとえば、あると

図表0-2 交渉の意義

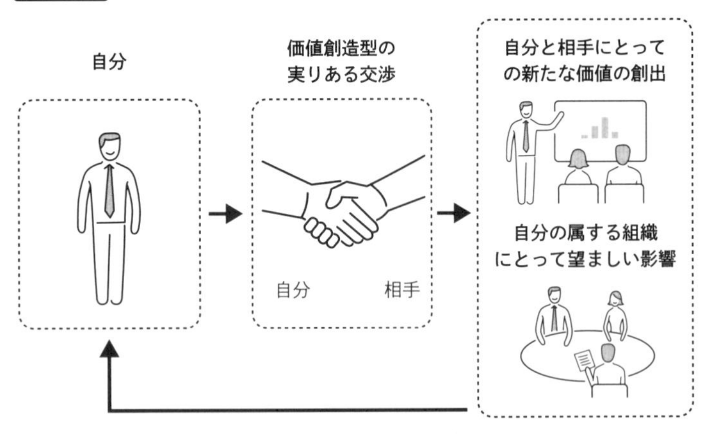

出典:『グロービスMBAマネジメント・ブック改訂3版』(グロービス経営大学院　編著、ダイヤモンド社)

き立場を笠に着て強圧的な交渉をしたばかりに悪評が立ったり、その逆に非常に気持ちの良い交渉ができたので一目置かれたりということも起こり得ます。

現代は、自分自身の評価のためにも、適切な交渉力を身につける必要性が高まっているのです。

2 交渉に臨む際の心構え

「はじめに」では、「交渉とはお互いにとってもっと優しく友好的なもの」と書きました。もちろん、ただひたすら相手の言うことを聞くだけではいけませんが、交渉とは決して「相手を言い負かす」「うまく出し抜く」ようなものではないという点は、改めて強調しておきたいです。ペンシルベニア大学ウォートン校で交渉術を担当し『無理せずに勝てる交渉術』(TBSブリタニカ)の著者でもあるG・リチャード・シェルによれば、優れたネゴシエーター(交渉者)に共通する姿勢として以下の四つがあるといいます。

①積極的に準備をする
②目標を高く設定する
③相手の話に耳を傾ける
④誠実である

準備に関して補足しますと、本書においても、内容の大部分は、交渉中に相手を前にしながら考えるべきことよりも、交渉

図表0-3 優れた交渉者に共通する姿勢

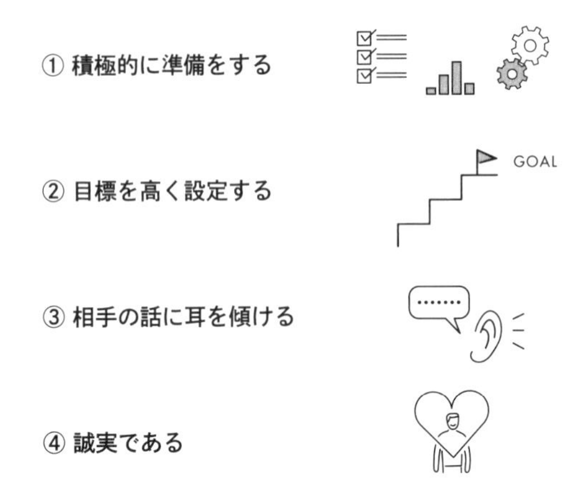

を始める前に考えるべきことで占められています。ここでいう準備とは、交渉を構造的に捉え、交渉を進める戦略を練るということです。そこで考えるべき内容については後で詳しく書いていきますが、まずは、可能な限り「事前に準備しよう！」ということを念頭に置いてください。

ストーリーの富川をみても、最初の会合ではマーズ社の提案内容について事前に詳しく知る手段がなく、ひたすら相手の提案を聞くばかりの格好になっています。もし富川が、ある程度のカウンター・オファーとなるような案を持って臨んでいたら、もう少し落ち着いて交渉に臨めたことでしょう。

そして、「交渉が苦手なタイプの人」や「交渉に苦手意識のある人」にとって、おそらくもっともハードルが高いのが、②

の目標を高く設定することではないでしょうか。世間では、謙虚さ、控え目な態度が、しばしば美徳とされます。交渉事で相手に多くを求めない、そればかりか誰に言われたわけでもないのに自ら相手への要求水準を低く設定してしまうというタイプの人は、読者の周りのビジネスシーンの中で、そして読者自身の中にも、確実に一定割合いるのではと思われます。

しかし、そういうタイプの人も、以下の二つの考えをヒントに、ぜひ目標を高く設定するという姿勢を身につけましょう。一つは、交渉を問題解決のために行う一種の共同作業として客観的に捉えてみることです。問題解決のための作業と考えれば、目標の高さは倫理上避けるべき貪欲さの表れではなく、望ましいことだと捉えることができ、相手と対峙する心理的負荷は軽くなるのではないでしょうか。また、相手との共同作業と考えれば、自分がいったん高く設定した目標が交渉によって下方修正されることになっても、それを相手から自分への人格的非難と受け取る必要はなくなります。

もう一つは、前述したようにビジネスシーンでは、交渉力はリーダーシップと密接に関係しているということです。控え目な態度は、個人の属性としては美徳になりえるとしても、責任あるリーダーとして組織を代表する場合には、常に長所とは言いきれません。害の小さい案件ならば控え目に振る舞うことで人望の獲得につながることはあるでしょうが、組織に重大な影響をもたらす案件でも相手の言いなりではリーダーは務まりません。内心で多少重荷に感じるところはあったとしても、役割として目標を高く設定するべき場面はあるのです。

一方、世の中にはとかく物事において他人と比べた勝ち負けに敏感な「競争志向」の人も存在します。そういう人々にとって難しいのが、③の相手の話に耳を傾けるということでしょう。交渉事でも、勝ち負けという側面にこだわると、相手の話を遮って自説をひたすら押し付けてしまいがちです。あるいは、相手の話を聞くにしても「どこかアラはないか」と探し、そこを突いて反論しようという姿勢で聞いてしまいます。

こうした人たちは、短期的にはその交渉で“勝てる”かもしれません。しかし、ビジネスシーンでは、相手との交渉がその回一度きりというケースはむしろ少なく、長期にわたって同じ相手とさまざまな案件で交渉の機会がめぐってくるケースが多いものです。敬意を欠いた交渉姿勢で相手からの信頼を損なえば、その後の取引機会を失ったり、無用な反発を受けたりと、長い目で見れば損失になる可能性が高いのです。

加えて、後の章でも詳述しますが、相手の話に耳を傾けるということは、相手は何が見えていて、何を欲しているかを理解するためにも重要です。相手が話している間、常に反論を頭の中で考えながら聞いていたのでは、相手の示した細かい表情や声色の変化を見落としてしまう危険があります。こうした一見些細な情報の中にも、交渉を有利に進める材料が含まれているのです。

④の誠実さについては、若干疑問に思う人もいるかもしれません。交渉は一種の「ゲーム」であり「駆け引き」がつきものだというイメージで、「誠実さ」とは結びつかないのでは、ということです。確かに、落とし所はここかなと内心思っていな

がら初めはそれ以上の値を切り出したり、自分に不利な情報を敢えて自分からは晒さなかったりといったことは、交渉にはしばしばあります。さらに、交渉戦術の一部として人間の心理的錯覚を利用することもあります。また、いわゆる「社交辞令」や、本音ではもっと厳しい評価を下しているのに敢えて曖昧にぼかす等、厳密にみれば「ウソ」になるケースは数えきれないほどあることでしょう。これらを考慮すると、交渉においては「ウソ」や「だまし」はむしろ積極的に活用すべきという面も否定できません。

しかし、それでは交渉における誠実さは不要かというと、決してそのようなことはありません。「お互いにとって価値あることはいいことだと評価する」「約束を守る」「当事者の利害に関する重大なウソをつかない」といった部分では、確実に誠実さが求められているのです。

では「ウソ」や「だまし」の許される境界線はどこに引かれるかというと、状況や相手との関係によって異なり、一概には言いきれませんが、ポイントは、勝つために周囲の評価も構わず、重大な虚偽の情報を故意に流したり、その場しのぎのごまかしをしたりしてはいけないということです。先の「相手の話に耳を傾ける」の話と同様、短期的には勝ちにつながっても、そこで相手からの信頼を損なうような勝ち方では、長い目で見て優れた交渉者とは言えないという点を心に銘記しましょう。

序章　まとめ

- ✓ 交渉によって、双方にとってプラスの価値創造ができる。
- ✓ 交渉は、ゼロサム状況における「価値分配型」交渉ばかりとは限らない。全体の価値を最大化する「価値創造型」交渉を目指すべきである。
- ✓ ビジネスパーソンとしての能力としても、交渉力は重要。
- ✓ 交渉に臨む心構えとして重要なのは
  - ・入念な準備
  - ・高い目標
  - ・相手に対する傾聴
  - ・誠実であること

第1章

交渉の構造を理解する

テナントの撤退意思は覆えるのか

滝本弘美は中堅不動産会社コリンズ社の商業ビル担当者である。コリンズ社の保有している賃貸ビルの一つに、J市駅近くの商業ビルがあった。8階建てで、1階、2階、地下1階が外食店や商店、3階以上がオフィスとして利用されている。駅近で人通りもまずまずと立地条件は良いものの、設備に格別な特長はない。地方都市のご多分に漏れず経済は頭打ち傾向のJ市で、テナントは必ずしも業績好調と言えず、ビルからの収益は現状維持がせいいっぱいの状況であった。

そんな中、1階の好立地に出店している喫茶店オーナーの金田氏が退去したいと言いだしてきた。金田は一帯の元地主のうちの一人で、同ビルが完成した当初から現区画で喫茶店を営んでいた。滝本にとっては定期的に挨拶に行くだけでなく、時には会食する仲であり、これまで退店のことなどおくびにも出していなかったので、一報を聞いて非常に驚いた。

喫茶店の経営自体は、好調とまでは行かないがそれなりの利益を出しているとの報告を今まで受けてきた。これといったトラブルも聞かない。金田は今年ちょうど60歳だが健康そのもの、仕事の継続に支障がある年齢とも思えない。

金田との交渉を担当することになった滝本は、この区画の賃貸契約を改めて調べてみた。

●賃貸借期間：1年契約
●賃料等：月50万円。近隣価格、経済情勢を参考に改定もありうる
●契約の終了：返却日の3カ月前に文書にて通知（通常は自動更新）

昨今のJ市の経済状況から、別のテナント候補が空きを待っているような状況ではなかった。それどころか、代わりを見つけるのも苦労するかもしれない。何とか翻意させることはできないものかと考えながら、滝本は最初の交渉に臨んだ。
「金田さん、お話をうかがってたいへん驚きました。どうなさったんですか？」
「うーん、まあな、そろそろ潮時かなということだよ」
「潮時って、喫茶店をおやめになるんですか？　息子さんは？」
金田の息子は店の運営を手伝っていた。
「あいつはあいつで、自分の店を持ちたいらしいが……。ま、それはそれとして、どうだい。今度の更改時期で終わりとしたいんだが」
「いやあ……。何とか続けるご意向はありませんか？　失礼ですが、たとえば賃料など何かお困りのことがあるとか」
「いや、困ってるってことは全くないが、もう決めたんだ。まあ、君も今ここで『はい』とは言えないだろう。社に持って帰って相談してくれよ」

滝本は、上司の前田と対策を練った。
「金田さん、いろいろと突っ込んでもかわしてばかりで、とにかく退去するの一点張りなんですよ」
「賃料を値下げしてほしい、ということではないのか？」
「私も初めはそうかと思ったんですけど、その話を向けても特に反応はないです」
「らちがあかないな。ただ一応契約の上では、3カ月前の通知でなければ即解約はできないはずだ。もう少し粘って、どうしてやめると言い出したのか、探ってみよう」
「仮に金田さんの希望が値下げだとして、いくらまでならこちらは譲歩できるのですか」
「そうだな、他の入居テナントとの公平感があるから、そもそもあまり値下げはしたくないが、ギリギリで40万円までといったところだ。できれば1割引きの45万円で収まればいいが」
「承知しました」
「実は、1階の別の区画でも、退店の話があるんだ。ほら、あのDPEストア・チェーン。会社の業績不振のためなので、こちらは止めようがない。何とか金田さんは引き止めたいな」
「はい、がんばります」

滝本は、金田との交渉は世間話などを交えて結論を出さずに引き延ばしつつ、情報収集に努めた。次第に、金銭的に差し迫った事情から止めたいわけではないとの発言にウソはないらしいと分かってきた。同時に滝本は、金田が撤退した場合にそのあとに入るテナント候補がないか探し始めた。しかし、目ぼしい情報は全く入ってこない。金田の退去後に現在の区画を改装したり分割したりすれば、新たな需要が出てくる可能性はあったが、そのためには工費がかかることから、なるべく最後の手段としたかった。

何度か面談を繰り返したある日、ふとしたことから金田は新情報をこぼした。息子が新たに喫茶店を持つという計画があり、既に具体的な候補物件まで決まっているらしい。金田がほのめかした物件の価格について調べてみると、月30万円程度だろうということが分かった。滝本は、早速前田に報告する。

「30万だって？　それは安いな。駅から遠いのか」

「いえ、今のビルとは違う町になりますが、駅からの距離や交通量など立地条件はほとんど変わりません。安いのは区画が小さいからです。ただ、坪単価で比べても、この辺の相場よりは安めなのは間違いありません。どうやら、息子さんに新しく店を出させる代わりに、経営は任せて自分は悠々自適に暮らしたいということのようですね」

「うーん、ただ少なくとも単に喫茶店をやめたいわけじゃないことが分かっただけでも前進だな。それなら条件次第で考えが変わるかもしれない。賃料値下げを提案してみよう」

「金田さん、引き続きご契約いただくことはできないですか。賃料の方は勉強させていただきますので……、たとえば5%引きで47万5千円ですとか」

「いやいや、おカネの問題じゃないんだよ」
「そうですか。息子さんのお店のこともおっしゃっていたじゃないですか。新しい場所に出店するのも、内装費など何かと必要でしょう」
「その辺は、息子の考えに任せているからね」
　滝本が具体的に値下げを提案しても、金田は乗ってこない。当初提示の47万5千円から更に下げられることも示したが、やはり反応に変化はなかった。思い切って40万円まで下げても興味を示さないのなら、もはや諦めざるを得ないか、そう思いかけたとき、前田が言っていたDPEストアの件が頭に浮かんだ。その物件は角地にあって人通りは良いが、金田の喫茶店よりも狭く、賃料は33万円であった。滝本は頭の中で素早く考えをまとめ、携帯で前田に連絡を取った。
「前田さん、以前お話しされていたDPEストアの件、たとえば、その跡を金田さんに、というか実際は息子さんにかもしれませんが、提案するというのはどうですか」
「ほう！　しかし、今の金田さんの店より少し狭いぞ。確かにその分、賃料は安いが」
「実は、むしろ狭いのが希望条件の一つなんじゃないですかね。息子さんが候補にしているという物件も狭いですし」
「そうか、今の店で赤字ではないとしても、J市の今後の景気などを考えると、新たに店を作るならもう少し固定費を下げて効率経営をしていきたいと考えても不思議じゃないな」

「問題は、いま金田さんが入っている区画が空いてもいいかということですが」
「それは、2区画空いてしまうよりは、1区画でも次がすぐに埋まった方がありがたい。次のテナントを探すのは、今の金田さんの区画よりもDPEストアの区画の方が難しそうだから、そちらが先に埋まるのは好都合だ」
滝本はその後、現区画で40万円までの値下げを提示したが、やはり金田の態度はノーであった。そこでDPEストア跡への移転を持ちかけると、果たして反応に変化があった。その後いくらかのやりとりが必要だったが、移転の際の内装工事費用をいくらか割り引くなどのサービスをつけることで、空いた一画に前のテナントが払っていた額より少し上乗せした月35万円の賃料で移転することで決着できた。息子の候補物件とされていたところよりも5万円ほど高いが、離れたところへの移転で常連客を失うリスクや、内装工事費の割引などを考慮して納得してもらうことができた。滝本は、タイミング良く空きがあった幸運に感謝するのだった。

1 交渉に関する基本概念

この章では、本書で交渉について解説する際の、基本的な用語の定義を整理していきます。まず、いま自分が関わっている交渉がどうなっているのか、その状況を理解するところから始めましょう。交渉を理解するための概念と、その基本的な使い方について解説した後で、ストーリーで展開された交渉の構造を読み解いていきます。

関係者は誰か

ビジネスにおける交渉では、自分と直接の交渉相手だけで話が完結するというケースはそれほど多くありません。自分側にも、相手側にも、それぞれ多様な関係者がいるものです。たとえば、ある商品の供給に関する交渉で、直接の交渉窓口は営業担当者だとしても、関係者としては製造部門や物流部門の人物が絡んでくるといった具合です。そして、こうした関係者の存在が、交渉過程にさまざまな形で影響を及ぼします。

したがって、関係者について、特に以下の視点から押さえておくことはたいへん有益です。

①意思決定者は誰か

典型的なのは、支店の営業担当と交渉しているが、決裁権限は本社の執行役員が持っている場合などです。交渉を最終的に決着させるのは、当事者というよりはこの意思決定者の判断によります。そのため、意思決定者に合わせた説得材料を準備する必要があるのです。

②関係者間の関係はどうなっているか

上の例で挙げたように決裁権限のような公式な関係だけでなく、個人的な相性や親しさといった要素も無視できません。

何のために交渉するのか（利害関心）

関係者を把握したら、次はそれらの関係者は各々何のために交渉に参加しようとしているのか、すなわち各関係者の利害や関心を理解していく必要があります。

このとき、利害関心をなるべく具体的に把握することが重要です。たとえば、工場で新しい工作機械を購入するというとき、漠然と「機械メーカーA社との新型機械購入を有利に進める」と捉えるのではなく、具体的な要素に分解して「価格はいくらか」「納期はいつまでか」「メンテナンス等の動作保証はどの程度か」という具合です。

そして、利害関心は関係者の立場や状況によって変化しうる、ということも留意しておきましょう。上の例で言えば、営業担当者にとっては価格が最大の関心事である一方で、工場の管理者にとっては故障の頻度が関心事かもしれません。また、交渉の当初は価格への関心が高かったのに、交渉が進むにつれて納期がいつかという点に焦点が移るということもありえます。現実の相手や状況をよく見極めながら、きめ細かく利害関心を認識することが必要なのです。

論点

関係者が利害関心を持っている事柄のうち、特に当該交渉の対象とされる事柄、いわゆる「交渉のテーブルに載っている」事柄のことを、本書では論点と呼びます。

一般には「争点」という言葉も使われており、たとえば論点が一つしかない交渉を「単一争点交渉」、それまで論点ではなかった利害関心を新たに交渉の対象として持ち出すことを「争

図表1-1 関係者・利害関心

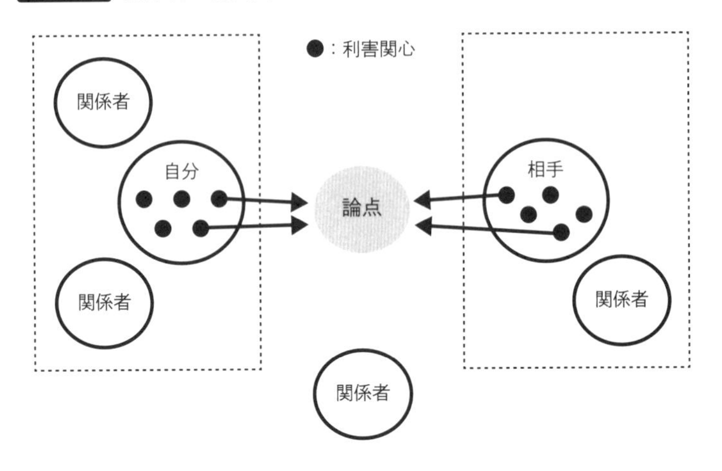

点化する」というなど、派生的な用語もあります。

しかし、「争う」という字が入っていることから、関係者間で価値を奪い合うイメージが喚起されがちです。本書では、関係者が協力して価値を創造していくような交渉について重点を置いて考えていきますので、敢えて「争点」ではなく「論点」という語を使用していくこととします。

何をどれくらい得たいのか（価値）

関係者と利害関心が把握できたら、次は各関係者が互いの関心事について、どれくらいの価値を得たいと考えているのか、その構造を把握しましょう。そのための枠組みとして、体系化され、多くのビジネススクールのMBAプログラムで教えられているものがあります。

その中から、代表的な概念を紹介していきます。

BATNA

交渉において、もしこの交渉が決裂したらどうなるか、自分はどう行動するか、相手はどう行動するかを、あらかじめ見極めておくことは極めて重要です。

これは交渉に関する最も重要な古典的概念の一つで、BATNA（バトナ）（Best Alternative To Negotiated Agreementの略）と呼ばれています。直訳すれば「交渉で合意することに次ぐ最善の代替案」ということで、「交渉で合意が成立しない場合の最善の案」という意味です。

たとえば転職で複数の会社と面接を続けているとします。1社に内定を持っていると、他社と交渉する際に、この内定が「合意が成立しない場合の最善の案」= BATNAとなります。

留保価値（Reservation Value）

留保価値とは、これを下回れば絶対に交渉で妥結しないという最低条件を指します。通常は、BATNAの条件イコール留保価値です。たとえば、上述の転職活動の例で仮に年収のみが条件として、既に内定の取れた1社の提示した年収が600万円だとすると、他社と年収について交渉するときに600万円が留保価値と言えます。

ただし、実際問題としては複数の利害関心を絡めて留保価値を決めることもしばしばあります。たとえば、「BATNAの社が提示している年収は600万円だが、仕事のやりがいという意味ではこれから交渉する会社の方が魅力的だ。したがって、こ

図表1-2 BATNA、ZOPA

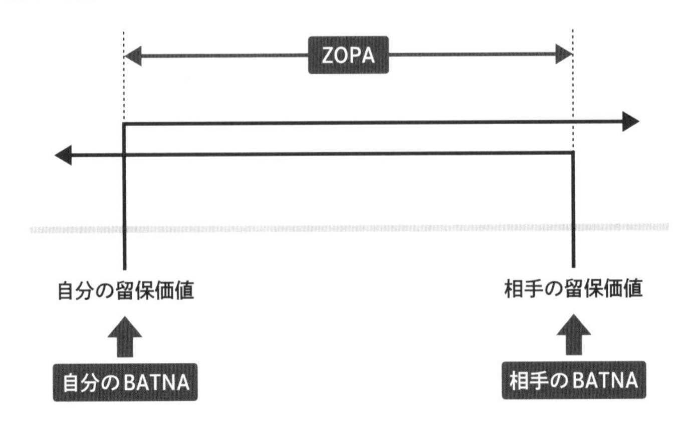

の会社と交渉するときは、年収550万円ならOKしてもよい(この会社との交渉における留保価値は550万円だ)」という具合です。この場合は、年収という利害関心とやりがいという利害関心の二つの視点から留保価値を判断しています。

ZOPA

双方の留保価値の間は、言い換えれば「この範囲であれば交渉が妥結する可能性がある」という範囲です。これをZOPA(ゾーパ)(Zone Of Possible Agreementの略)と呼びます。

通常は、交渉者は自らの留保価値は分かっていても交渉相手の留保価値を直接知ることはできないため、交渉の過程を通して、可能な限り相手の留保価値を予測していきます。

参照値

交渉において相手の留保価値を探ったり、妥結点を決めたりする際に、参考にする数値（情報）を参照値と言います。世間相場、前例、常識、規範、法令などから判断します。

法令で具体的な値が明記されているなど、客観的に明白な参照値が存在するケースもありますが、多くのケースではそうした明白な「正解」はありません。交渉者がいろいろな工夫をこらして、いかに説得力を持つ参照値を出せるかというのも、交渉者の腕の見せ所です。

目標値

目標値とは、交渉者が妥結点として目指す値を指します。目標値は、参照値を参考に決められることが多いですが、参照値そのものである必要はありません。参照値と、双方の留保価値、BATNAとの兼ね合いを見ながら、適切な目標値を設定していきます。

アンカー

実際の交渉では、交渉者が最初から目標値を相手に表明していくとは限りません。つまり、最初の言い値は、その後の譲歩分を予め織り込んで、目標値プラスアルファの値を言ってみることがしばしばあります。典型的な例としては、海外の観光地の露店で土産物を買おうというとき、売り手が最初は明らかに高い値段を吹っ掛けて来るケースがあります。そんなとき、こちらも「このくらいなら買ってもいいかな」という水準よりもわざと低い価格を出して「ここまで値引きしてくれたら買うよ」と応じたりします。こうした行為は、交渉ではごく一般的に見られることで、アンカリング（Anchoring）と呼ばれており、そのようにして表明された点はアンカー（Anchor）と呼びます。

交渉の状況を理解するためには、交渉開始前に、状況をみて以上の点を把握しておきましょう。仮に交渉開始の時点は不明なものがあったとしても、一応の仮説を立てて補っておきます。

これらの点は決して不変のものではなく、交渉が進むにつれて変わる可能性があります。状況を常に客観的な目で観察しながら柔軟な変更を行う必要があるのです。

2 妥結へ向かう力学

BATNAが留保価値とZOPAを決める

続いて、先に述べたBATNAや留保価値といった概念が、それぞれどういう関係になっているのか、交渉の中でどのように使われて妥結へ向かっていくのか、基本的な使い方を解説していきます。

前節で登場した概念のうち、交渉を考える際に特に重要な概念が「BATNA（交渉で合意が成立しない場合の最善の案）」で

図表1-3 BATNAが留保価値、ZOPAを決める

例1）BATNAはB社

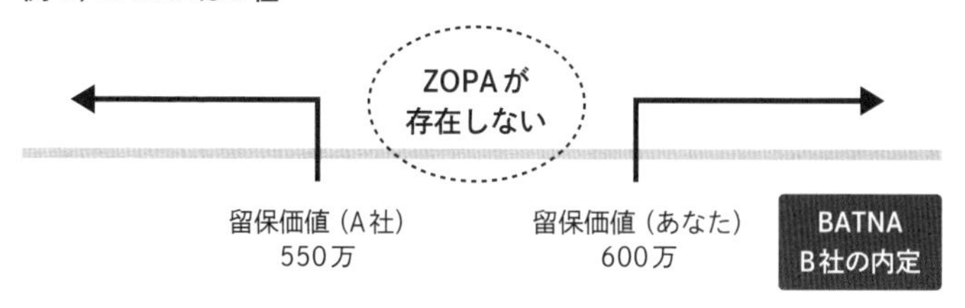

例2）BATNAになりうる内定先が無い

BATNA　別の候補先を探す／フリーでやっていく
→（ここでの留保価値はいくらか？）……留保価値500万円

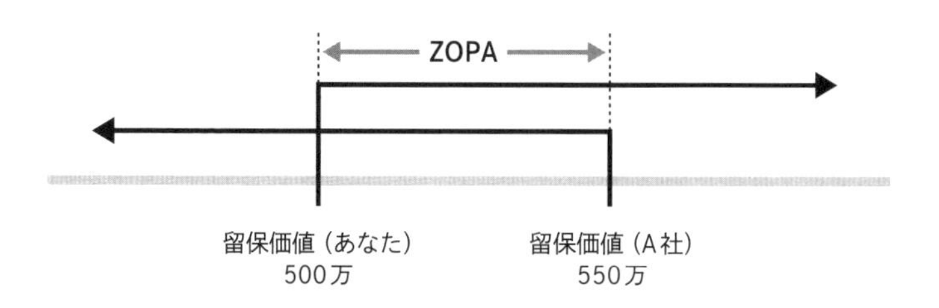

す。

まず第一に、BATNAは交渉のテーブルにつくかどうかを判断する基準点となります。つまり、交渉相手が出してくる提案がBATNAより価値がありそうであれば交渉に移りますが、BATNA以上のものが出てきそうになければ、そもそも交渉しなくてよいのです（図表1-3例1）。

前述の転職活動の例で見てみましょう。あなたは、A社との面接に臨んでいる一方で、既に年収600万円を提示した内定先

（B社）を一つ持っているとします。A社の面接官の話では提示できる年収は多くても550万円までとのことでした。この場合、あなたのBATNAは「B社に決めること」で、仮に年収だけを基準とすれば留保価値（最低条件）は600万円となります。A社の留保価値は、面接官の発言を額面通り受け取れば550万円ですので、この段階ではZOPA（交渉が妥結する可能性のある範囲）は存在しません。よって、あなたとしてはこれ以上交渉のテーブルにつかなくてもよいとなります。

次に、前の例とは違って、内定先は1社も持っていないままA社との面接に臨むというケースを想像してみてください。この場合、あなたのBATNAは「別の候補先を探す」あるいは「フリーとしてやっていく」となるでしょう。元々自分が欲しかった金額はいったん脇において、このBATNAと「希望年収より低くてもA社に入ること」とを比較して、いくらまで希望年収を下げたらA社の方がよいか換算します。仮に、「500万円までだったらA社にしよう、500万円以下でA社に入るくらいなら、別の候補先を探すかフリーでやっていく方がマシだ」としたら、500万円があなたの留保価値となり、相手の提示550万円との間でZOPAが生まれるので、交渉の余地が生まれるわけです（図表1-3例2）。

このように、自分のBATNAがどのようなものか、そしてそれを定量化したらどのくらいの価値があるかによって、交渉に臨む際の留保価値が決まり、ZOPAが存在するかどうか、すなわち交渉の余地があるかどうかが決まってくるのです。

なお、両者の間でZOPAが存在するということは、単に「交渉すれば妥結できる可能性がある」という以上の意味合いがあります。ZOPAの中のある妥結点は、お互いにとってBATNAより価値の高い選択肢なのですから、この相手とは交渉しないより交渉した方がお互いにとってよい価値をもたらす、すなわち経済的合理的に考えればこの相手は「交渉すべき相手である」ことを意味します。一方、両者の間でどうあってもZOPAが存在しないと見込まれるのならば、この相手とは「交渉しない方がよい」ことになります。

前者のように考えれば、交渉に苦手意識があってつい交渉事自体を避けてしまいがちな人でも、交渉に対して背中を押してもらえることでしょう。一方、後者のように考えると、単に交渉決裂して気まずい思いをしたくないという感情だけにとらわれて、本来の留保価値を越えて譲歩してしまいがちな人にとって、交渉が決裂しても決して後ろめたく思う必要はないと言えるのです。

相手のBATNAを読むことが目標値とアンカーを決める

もう一つ、BATNAは交渉をどこで妥結できるか見通しを立てるうえでも重要です。

最初の条件に戻って、あなたには600万円のB社というBATNAがあるとします。A社の提示は550万円でしたのでお断りしようとすると、面接官は「650万円までなら出せます」と再提案してきました。最初は550万円と提示していて、交渉から降りようとしたら650万円と出し直してきたということは、A社にはあなたを採用したいという意思があり、かつ留保価値は650万円より上だということが分かります。あなたのBATNA「B社」と留保価値600万円に変わりはありませんが、

A社の留保価値が650万円（以上）に動いたため、ZOPAができたのです（図表1-4 例3）。

そこでいざ交渉開始となるわけですが、このときあなたにとって次に考えるべきことは、A社のBATNAは何で、その結果A社の留保価値はどのくらいかということです。A社の提案650万円は、あなたの留保価値600万円を超えていますから、ここで妥結すべきでしょうか。

A社の留保価値が650万円ならば、ZOPAの上限ですからここで妥結するのもありですが、650万円イコール留保価値とは限りません。条件を出し直すくらいですから、おそらくあなたに断られると他の人を探すよりほかないのでしょう。つまり、A社に目ぼしいBATNAが無い可能性は大いにありそうです。それでは、最大どのくらいならA社はあなたに払ってもいいと思っているか、これがA社の留保価値です。状況次第ではありますが、相手が譲歩して提示し直した値が、常に相手の留保価値とは限らない（相手の留保価値はさらに相手に不利な水準にある）ことは意識しておきましょう。

仮に、求人サイトで類似の案件をいくつか調べた時に最大の提示額が700万円だったので、A社の留保価値も700万円と推測したとします（図表1-4 例4）。すると、現在提示されている650万円よりは700万円になるべく近いところで妥結したいと思うでしょう。これが目標値となります。

ここで注意が必要になります。あなたは最初の提示550万円を聞いた時点では、このままでは妥結できないと考えると同時に、相手が折れて600万円以上ならいいだろうとも思ったことでしょう。しかし、A社が650万円と出し直してきたところで、

図表1-4 相手のBATNAを読むことが目標値、アンカーを決める

例3）あなたのBATNAはB社、A社が条件を出し直してきた

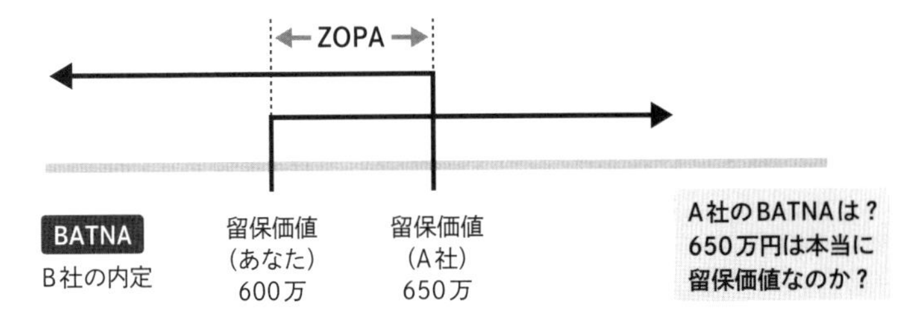

例4）あなたのBATNAはB社、A社の留保価値を700万と推測

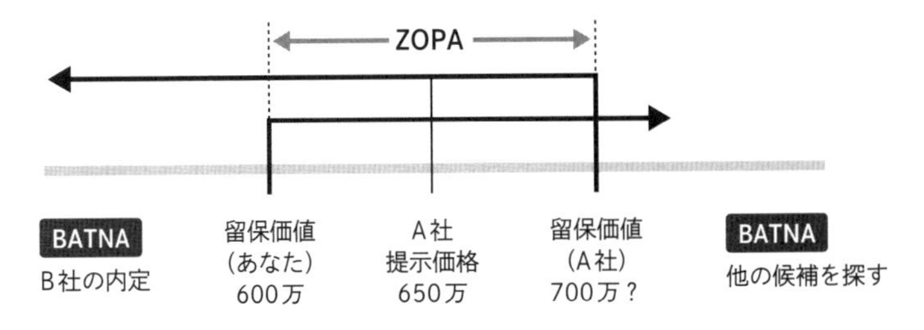

例5）あなたのBATNAはB社、目標値を決めアンカーを落とす

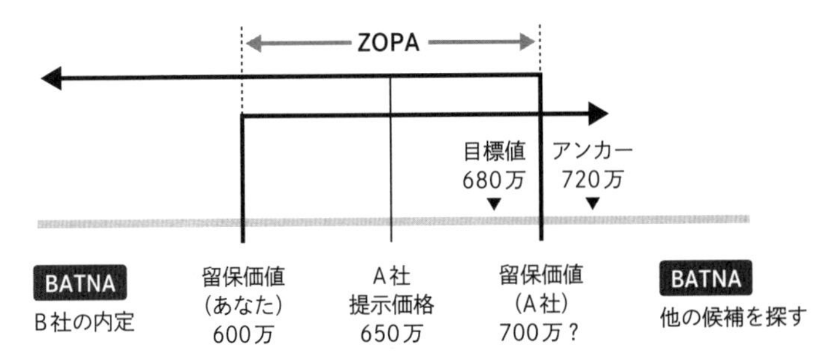

A社の留保価値はそれ以上なのだとしっかり頭を切り替えて、目標値を650万円超の水準に設定し直すべきなのです。交渉の流れの中で相手のBATNAもしくは留保価値の推測値が変わったならば、目標値もそれに合わせて変えていく必要があります。その際、自分の留保価値はあくまでも妥結する下限の値であって、安易に目標値とすべきではないことは言うまでもありません。なお、「求人サイトで調べた類似案件の提示額」がこの場合の参照値です。

さて、目標値を680万円と置いたとします。あなたの次の提案は、「680万円でお願いします」と言うべきでしょうか。もちろんそれも一つの手ではありますが、A社の留保価値の700万円という推測も確実ではありませんから、探りを入れる意味でもたとえば「720万円ではどうでしょう」と少し上の数値を挙げてみるという手もあります。これがアンカーになります(図表1-4 例5)。29ページで説明したとおり、アンカーは目標値プラスアルファの数値とするのがセオリーです。また、相手の留保価値(と当方が推測している値)よりも上を指してみることも十分ありえます。

このように、ZOPAがある中で具体的な交渉に入ろうというとき、目標値とアンカーをいくらとするかは、相手のBATNA(もしくは留保価値)がいくらか推測することから始まるのです。

BATNAに働きかけてZOPAを作る

交渉のテーブルにつくときにBATNAの有無が重要な要素と

図表1-5 交渉において相手の力が強い時

たとえば、BATNAが低いと相手の言い値を飲まざるを得なくなるところ、より高いBATNAを開発することで、相手の言い値を蹴ることができるようになる

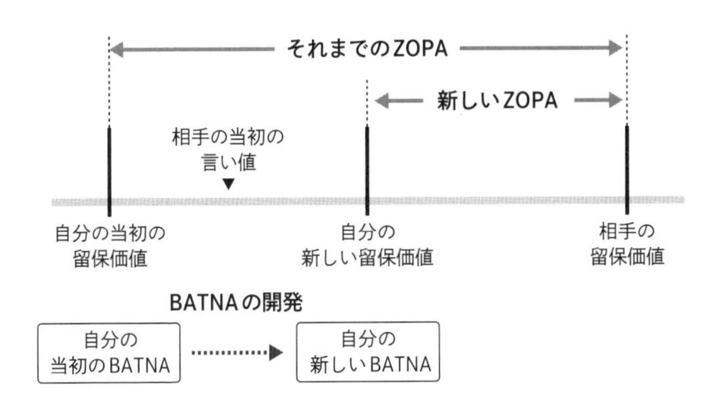

なることは述べましたが、交渉している間もBATNAは決して不変ではありません。むしろ、自分の交渉力を高めるためにBATNAを変えていくことも大いにありえます。

交渉術の古典とも言える著作、『新版ハーバード流交渉術』(阪急コミュニケーションズ)の共著者ロジャー・フィッシャー、ウィリアム・ユーリー、ブルース・パットンは、交渉において相手の力が強い時にすべきこととして、次の二つを挙げています。

①受け入れられない合意を押し付けられないように守りを固める。

⇒自らのBATNAを正確に認識する。

②できるだけ自分の利害を満足させるように手持ちのカードをフルに活用する。

⇒自らのBATNAを積極的に開発する。すなわち、見こみのある代替案にさらに改良を加え、実際的な代替案とする。

フィッシャーらは、「BATNAを認識し、これを発展させることは、見るからに強力な相手と交渉するときに取りうる、おそらく最も効果的な方法である」と述べています。

たとえば、あるプロジェクトを受注しようと交渉しているとします。ここで「このプロジェクトを受注しないと会社は大変なことになる」といった漠然とした認識では、具体的なBATNAがありません。そこへ、受注が絶対必要という条件が重なると、発注側に対抗する提案ができず、不利な結果に終わりがちです。

ところが、「このプロジェクトを受注できなかったら○○円の損失」と具体的な数値を想定できると、「(受注せずに)○○円の損失を計上する」がBATNAとなります。そこで初めて、相手が出した条件のうち「ここまでは飲める、これ以上は飲めない」という判断が可能になるのです。この判断基準があるということは、交渉中の態度にも大きな影響を与えるでしょう。

さらに、そのプロジェクトを受注できなかったとして、その分の機会と資源を振り分ければ△△円の利益が出るような別の案件を発見したとします。これは、新たなBATNAを開発したことを意味します。すると、相手に対して、より強い態度で臨むことができるでしょう。一方で、相手のBATNAを弱めるということも交渉の戦術になりえます。プロジェクト受注の例を続ければ、正面から自社の魅力を訴えるだけでなく、ライバルとなる他社の案が抱える欠点やプロジェクトの目的との不整合を話題に持ち出すというのも、一つの手です。もちろん、根拠のない誹謗中傷にならない範囲で行うべきなのは言うまでもありません。

目標値の重要性

前述のように、ここまで交渉構造を理解、分析する上で重点的に語られてきたのは、BATNA（次いで、留保価値）でした。

一方で、これから相手とどう交渉していこうかという戦略を立てる上では、ZOPAの中で目標値をどう置くかも、以下の理由から重要になってきます。

①不用意な譲歩を避ける

交渉には常に相手がいて、厳しい交渉では特に、その相手か

図表1-6　目標値

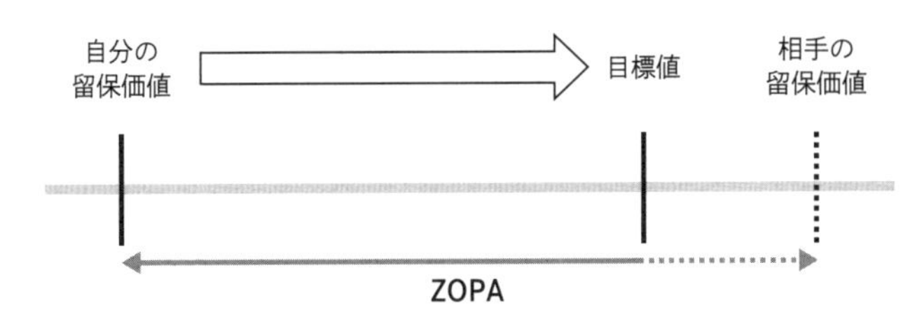

BATNAイコール目標値ではない
ZOPAの中で、自分に有利になるようなところを目指す

らさまざまな場面で「なるべく有利に決着したい」というプレッシャーをかけられます。本書では、交渉とは互いに奪い合うようなゼロサムゲームではなく、協力して価値を創造するものだというメッセージを掲げていますが、とはいえ実際の場面で相手からプレッシャーがかかる場面がないわけではありません。そんなときに、「気持ちで負けない」ことが必要になります。

気持ちで負けてしまうと、しなくても済む譲歩をさまざまな場面でついしてしまいがちなものです。この積み重ねが、価値を譲っていないように見えて、気がつくと不利な状況（本来の論点でも譲らざるを得ない状況）を作りだしてしまうのも、よくある話です。いわゆる「外堀を埋められてしまう」のです。

そこで、気持ちで負けないようにする一つのアプローチとして、高い目標値を意識することで自分を律してみましょう。第3章でバイアスについてさらに詳しく説明しますが、いわば自分で自分にアンカーを打つのです。

②自信に裏打ちされた言動が相手への説得力につながる

高い目標値を打ち出すといっても、単に自分の利得を最大限押し広げるというだけでは不十分です。相手にとっても何らかの価値を創造できないか、Win-Win（ウィン－ウィン：お互いが交渉によって価値を得る状況）を実現できないかという意味での高次元の目標値を考えておくのです。

「利己的に主張しているだけではない、あなたと私双方にとってこの解決策がベストである」と言い切れる自信があれば、それが説得力につながっていきます。

③自分側の利害関係者に安心感を与える

①、②で述べた「不用意な譲歩をしない気持ちの強さ」「自信に裏打ちされた態度から来る説得力」は、チームで交渉をする際のチームメンバーや、交渉を見守る多くの利害関係者にもポジティブな影響を与えるでしょう。明確で高い目標値を示すことは、チームによる交渉において、チームメンバーを導くリーダーシップにもつながるのです。

このようなポジティブな目標値は、序章のストーリーに出てきたテクノピース社の富川らのように、相手に比べて自分の立場が弱いときの交渉で、特に重要になってきます。

こうした場合、立場の弱い側は、往々にして双方の「格」の違いを感じて態度も弱気に出て、ZOPAの中でも自分に不利な水準に目標値を置いてしまいがちです。逆に、強い立場の側はそうした格の違いを最大限戦術的に生かすべく、出資割合や利益の分配割合といったコアの論点だけでなく、ミーティングの場所の設定や話の進め方など、本質的でないところでも優位に立とうとプレッシャーをかけてきます。

こうした状況下で弱い立場の側としては、いかに毅然として不用意な譲歩をしない姿勢を取れるか、いかに自信を持って「こうすることがあなたにも私にも有益であると信じる」というメッセージを的確に発せられるかがポイントとなるでしょう。

では、意味のある目標値を決めるためにはどうすればよいでしょうか。戦略思考についての訓練、いわゆるコミュニケー

図表1-7「志」の3層構造

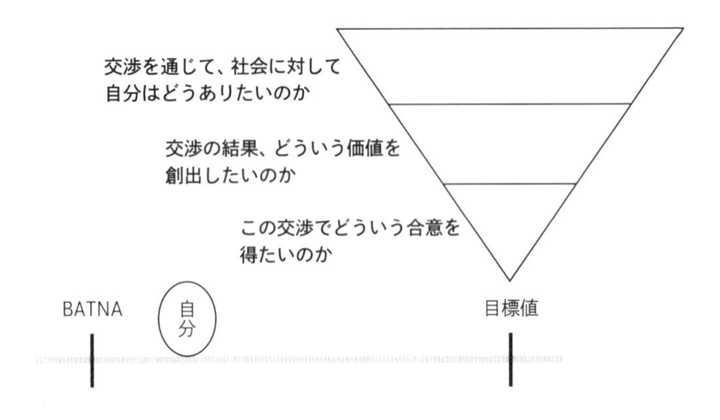

ション能力の向上ももちろんですが、「交渉者個人がこの交渉、ひいてはその先のビジネス全般にかける志」が一つの大きな要素となります。

目先の交渉で何を得るかだけでなく、その交渉から得た成果によって何を実現するか、それを実現することでどういう人間でありたいかを具体的にイメージし、それにコミットするという姿勢を持てるかどうか、ということです。

特に協調志向の人に顕著ですが、交渉で弱気になってしまう理由の一つに、「ここまで要求すると相手から強欲と思われないか、相手の心証を害するのではないか」という、面前の相手からの評価に対する恐れがあることでしょう。この恐れという感情は、程度の差こそあれ、発生そのものをなくすことは難しいものです。したがって、この恐れの感情が交渉姿勢に影響しないようにするには、これを上回る「○○という大義のためなら、目前の小さな感情的痛みを恐れてはいけない」という意志を持つことが重要になるのです。

3 ストーリーに沿った分析

いよいよ、ここまで学んできた概念やその使われ方を、ストーリーに当てはめてみるとどうなるか解説していきます。ここでは基本的に、コリンズ社の滝本の置かれている視点から考えることとします。

関係者と利害関心

まず、関係者。滝本側は滝本自身とその上司、相手は金田氏です。厳密にいうと、金田氏の判断には息子の意向が関係しているようですが、ここでは二人の利害関心はほぼ一致するだろうと考えられます。

利害関心は、ここではシンプルに賃料、広さなど、滝本側はテナントの維持、金田側は店舗スペースの賃借に関する諸事項と捉えておきましょう。

当初のBATNA、留保価値、目標値

27ページで説明したとおり、BATNAとは目の前の交渉が決裂した時の最善案です。滝本側のBATNAについて考えると、金田が撤退した後のテナント候補はありません。つまり、決裂

図表1-8 コリンズ社と金田氏　当初の交渉構造

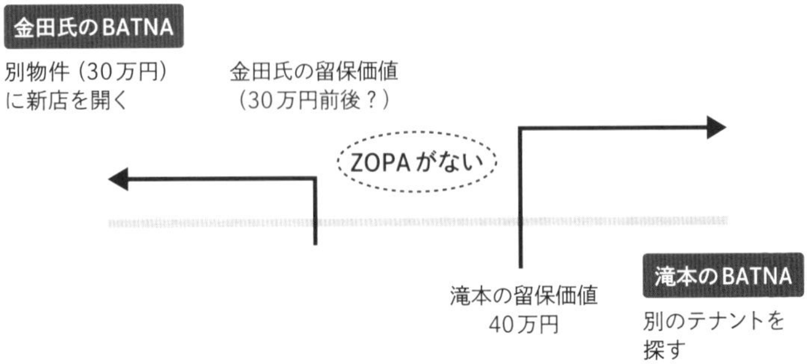

したら単に金田がこれまで払っていた賃料がゼロになるのを受け入れるのみであり、このため交渉ではかなり弱い立場に置かれています。そこで、ストーリーではBATNAを開発するべく、後に入るテナントの予定があるかを探る動きが描かれています。もしこのとき、具体的な候補が見つかれば、そこへ貸すことがBATNAになっていたでしょう。

では、金田側のBATNAはどう考えたらよいでしょうか。実は、金田としては息子に経営を譲って、今よりも比較的狭い代わりに賃料も安い新たな物件に移るという選択肢があり、これがBATNAとなっていました。このBATNAは契約の現状維持（および現状での少々の賃料下げ）よりも金田にとって魅力的なため、これを上回る魅力の案が滝本側から提示されない限り、交渉のテーブルに着く必要さえないわけです。金田が唐突に退去を通告し、当初の交渉でも「退去する」の一点張りで取りつく島もない対応なのも、この交渉力の強さの表れです。

しかも、この金田側のBATNAは、初期の段階では滝本側からは明確に見えておらず、滝本側の交渉はより難しくなっていました。そこで滝本は、とりあえず金田の会話の断片からBATNAを見つけようとする一方で、値下げが要求である事態を想定しますが、上司の前田から「値下げをするとしても40万円が限度」と言われます。これが当面の留保価値です。

その後金田に関しては、息子が新たに出す店として30万円の物件を候補としており、これがBATNAのようだということが分かりました。そこで滝本は、留保価値がいくらかは依然として不明なものの、値下げによって交渉の余地が生じるかもしれないと考えて、目標値は45万円、最初は47万5千円から提示します。しかし、金田の態度は変わりません。どうやら、ZOPAは存在しないようです（図表1-8）。

事態展開後のBATNA

ここまで見たように、当初はZOPAが存在せず妥結の余地がないかのように思われた金田と滝本ですが、DPEストアの退去跡の区画に移転するというアイデアを滝本が思いついたことで事態が展開します。

賃料の額面が33万円と金田のBATNAの価格30万円に近い上に、ビル内の移転であれば離れた場所への移転よりも常連客の離脱などのリスクが小さいかもしれませんし、コスト面も安く済むかもしれません。こうした事情から、別区画への移転は金田にとって新たなBATNAになり、ZOPAが生じたのです。結果として、その区画の元々の賃料33万円よりも少し高い35万円で妥結することができました（図表1-9）。

滝本側にとってみれば、仮に金田が移転してくれれば、元々

図表1-9 コリンズ社と金田氏　事態展開後の交渉構造

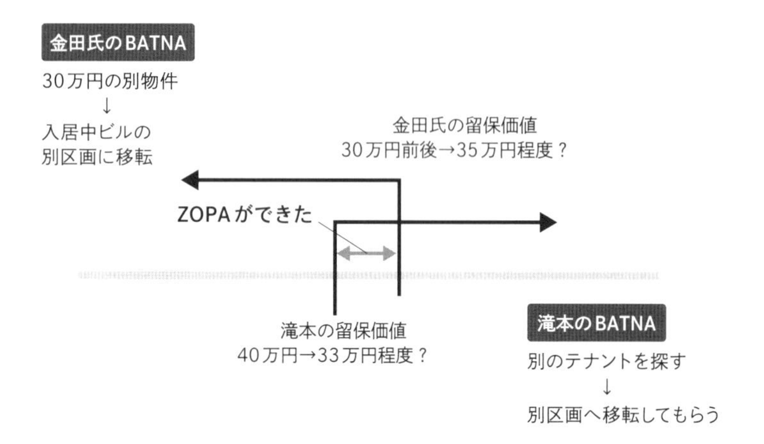

金田が入っていた区画が埋まらないという状態には変わりないものの、DPEストアが抜けた分の損失はカバーできることになります。ここで、折り合う余地が生まれたのです。

このストーリーの場合は、滝本が積極的に働きかけたというよりは、金田も滝本も関与しないところで別の機会があり、それが新しいBATNAになり得たというパターンでした。主体的に変化を作り出すにせよ、たまたま生じた変化の機会を捉えるにせよ、BATNAが変化することで、交渉を妥結に導く余地が生じるのです。

COLUMN 交渉の構造と対人スキル

「あの人は交渉がうまい」という場合、交渉そのものよりも、相手との接し方がうまい人を指す場合もあります。その見方にしたがうと、交渉のスキルとはたとえば以下のようなことが挙げられます。

- 身なりはきちんとするなど、見た目の印象を良くする。
- 話をするときは相手に視線を合わわせ、相手の動作とペースを合わせる。
- 雑談の中で適切に自己開示をする。特に食事をともにするとよい。
- 相手の言葉をなるべく否定しない。そのまま言い換えて相槌を打つだけでもよい。そして、機会があれば誉める。
- たとえば手土産等を持っていくなど、本題と関係のないところで相手に何かをしてあげるとよい。

このように、交渉の流れを効果的に演出し、相手の心証を良くするための方法は、いろいろあります。「心証を良くする」方向ばかりとは限りません。脅し、すかし、はったりや泣き落としなど、相手の感情を動かす手法は多岐にわたります。

こういった対人スキルが、実際の交渉でしばしば大切な役割を果たすのは事実です。また、後の章でも述べるように、交渉相手の感情の動きを考慮して交渉を組み立て、交渉の利害を離れて相手との信頼関係を築くことも、非常に重要なことです。

しかし、こうした対人スキルだけを磨いていっても「よい交渉者」になれるとは限らないという点も同時に強調しておきたいと思います。対人スキルだけで交渉を上手に運ぼうとすると、どうしても相手を「操作する」形になりがちです。交渉がその相手と常に一度きりであれば危険は大きくないかもしれませんが、序章でも触れたようにビジネスの世界では、同じ相手と継続的に接点がある場合が多いものです。相手に「自分はあのとき操作されて交渉妥結を強いられた」と感じさせてしまうことは、長い目でみればマイナスになるでしょう。

本書が重視する「交渉の構造を捉えて、双方にとって価値を創造する方向を目指す」考え方は、こうした対人スキル一辺倒ではなく、自らにとっても相手にとっても有意義なやり取りであったと考えることができる状態を目指します。

第1章　まとめ

✓ 交渉の基本概念を理解する。

関係者　特に意思決定者は誰か

利害関心　何のために交渉するのか

価値　BATNA、留保価値、目標値、アンカー等それぞれの意味合いの違いを理解する

✓ BATNAが交渉力を大きく左右する。また、BATNAが留保価値、ZOPAを決める。相手のBATNAを読むことで、目標値、アンカーが変わってくる。

✓ 自分の交渉力を高めるには、自分のBATNAの価値を高めることが有効である。

✓ 交渉戦略を立てるうえで、確固とした目標値を持つことが重要。

✓ 交渉過程で状況の変化に伴いBATNAも変化したとき、新たにZOPAが発生し交渉妥結の可能性が生まれることがある。

第2章

めざすは価値創造型の交渉

1　価値創造型交渉とは

ソフトウェアの販売権をめぐる攻防

教育サービスを主事業とするベンチャー企業エデュート社の若槻みどりは、教育用ソフトウェアを開発・販売している米国のベンチャー企業アイ・ラボ社との販売権取得交渉を進めていた。

若槻はエデュート社の開発部課長である。新しいe-ラーニング用教材の開発を進めていく中で、最近アイ・ラボ社が発表した画期的なティーチング・システムに注目し、これの日本版を販売できないかと、具体的な販売交渉を進めてきた。

アイ・ラボ社の教材は米国市場での評価も高く、日本をはじめアジアへの参入可能性を探るため、日本の数社と接触しているとのうわさも聞こえてきていた。

エデュート社の市場調査グループからは、アイ・ラボ社製品を日本語版に翻訳・翻案して独占供給すれば、相応の売上が期待できるとの報告が上がっていた。しかし、アイ・ラボ社は急成長中で競争力の強い製品を持っており、強気の交渉をしてくることが予想された。

ただ、エデュート社にも強みがある。教育用ソフトは、米国のものをただ単純に日本語訳しただけでは市場の支持を得ることは難しい。日本の学習者の志向や教育事情に合わせたカスタマイズがカギを握ると見られ、その点でエデュート社には同様の海外ソフトウェアの日本語化実績があった。

若槻が上司の古賀部長とともにシリコンバレーにあるアイ・ラボ社のオフィスを訪れると、国際マーケティング部門の副社長であるフィリップスとCEOのランドルフが待っていた。

若槻は自社のプレゼンテーションを行ったのち、日本語版へのカスタマイズ作業はエデュート社が行い、日本における独占販売権を取得する旨の条件を提示した。これに対してアイ・ラボ社側は、即座にノーの意思表示を行い、日本語への翻訳をアイ・ラボ社自身で行い、非独占販売契約とすることを提案した。つまり、日本で他の会社を通じてもサービス提供できるようにしたいということである。

さらに、ライセンス取得料等の初期費用として20万ドル、その後の販売量ごとに発生するロイヤリティーの料率は70%と、かなりの高額を要求してきた。

想像以上に強気な要求に若槻は返す言葉もなく、「とにかく持って帰って弊社の役員と相談する」として、それ以上契約条件について詰めずにいったん辞去した。

帰国後、追加の調査を行ったりして、以下の状況が分かってきた。

まず、アイ・ラボ社が自社で日本語版への翻訳を行うと言っているが、仮に翻訳を外注した場合、費用はおよそ8万ドルと見込まれた。また、別の日本企業も同社へ打診をしており、このまま手をこまねいているとそこが販売を開始してしまう可能性はあった。アイ・ラボ社がその企業へも非独占販売を飲ませるとしたら、エデュート社も後追いで発売することはできるだろうが、やはり競争上、「日本市場で初めて」の座は確保したいところである。

役員に報告したところ、反応は予想どおりだった。すなわち、アイ・ラボ社が日本語訳作業をしても、そのままでは実際に上市できるクオリティとは思えず、結局改めて細部を日本向けにカスタマイズする必要が生じる恐れが大きい。その費用をまかなうためにも、なんとか独占販売権を獲得して利幅を確保したい。言い換えれば、独占販売権を確保できるなら、初期費用はある程度先方の要望に近づける余地もある、というスタンスである。

そこで若槻は、独占契約については引き続き主張しつつ、初期費用やロイヤリティーの料率についていくらか割引できないかとしたメールを送った。ところが返ってきた答えは、初期費用とロイヤリティーの見直しには柔軟な姿勢を見せたものの、独占形態についてはそっけなくノーであった。

これを受けて古賀はエデュート社内をこう言って説得し

た。

「相手がどうしても非独占で折れないのですが、それでもこの案件を見送るのは惜しい。初期費用とロイヤリティーを思い切って値切れれば、非独占を認めてもいいでしょうか。初期費用はせいぜい10万ドルまで。ロイヤリティーも、類似事例がある50％を上限とします。そこで相手が折れなければ、見送りでも仕方ありません」

その後の粘り強いアイ・ラボ社との交渉によって、若槻は何とか「ロイヤリティー50％」という線を飲ませることに成功した。他社へ話を持っていってもこれ以上は出てこないという説明が効いたようだった。おそらく、実際に他社への打診もあってのことだろう。だが、最後まで残ったのが初期費用で、最初の20万ドルから15万ドルに下がったまま、どうしても色よい返事はもらえなかった。

「もう、これ以上の話し合いは必要ないんじゃないですか」

フィリップスからは、話にケリをつけたい様子がうかがえた。若槻は返事に窮し、思わずこう尋ねてみた。

「費用の件について御社の考えは分かりました。そもそもの問題は、独占を認めていただけない点です。どうして、ここまで非独占を希望されるのですか」

フィリップスは、何をいまさらそんなことを聞くのかという表情を見せながら答えた。

「それは弊社の創業オーナーであるランドルフのポリシーだからです。取引は何事もオープンでやりたいのです。この原則は曲げられません」

（そうか、オーナーのポリシーか。何か「この方が戦略的に有効だ」とか「この方が得だ」という理由なら反論もありえたが、ポリシーと言われては説得は難しいな……）

内心でここまで考えた若槻に、あるひらめきが訪れた。

「えーと、日本語への翻訳は？　翻訳作業を自社で行う点については、ランドルフ氏はどうお考えですか？」

「ああ、それはまあ、複数の代理店に卸すのならば、日本語訳はウチでやっておいた方がいいんじゃないですか？」

「ということは、日本語訳についても自社で行うことが、御社のポリシーというわけではないのですね？」

「それはそうです。ポイントは、独占契約にはしないという点ですから」

若槻は、古賀に目配せをし、再度提案を持参すると言ってその場を辞した。それから早速、日本本社を交えて打合せを行った。

「ひらめいたのですが、アイ・ラボはどのみち日本語訳作業をどこかに発注するのでしょう？　ウチでやってもらうというのは、どうですか。さっきの口ぶりでは、彼らは自社で翻訳することにはこだわっていないようでした」

「それは名案だな。彼らが自分で日本語訳をやってしまうと、細かい言葉づかいや用語の定義などで日本市場の実態とずれがあって、ライセンス取得後にウチで改めてカスタマイズが必要そうだという点が懸案だったが、ウチが日本語訳作業を行えばその分の費用が発生しなくなるんだから」

「発売に先んじてノウハウを吸収することも見込めますしね」

「それに、用語の和訳にウチが通常使っている言葉を当てられるのも大きい。競合が将来導入を検討するにしても、ウチの用語に合わせるとしたら二の足を踏むかもしれない。独占契約同様とはいかないが、多少は参入障壁的な効果もありそうだ。これなら、非独占を許しても、初期費用で先方希望の費用を払ってもいいだろう」

若槻たちは、後日フィリップスに以下の再提案を提示した。

1．日本語化はアイ・ラボ社で行う
2．契約は非独占形態
3．エデュート社はアイ・ラボ社に初期費用として15万ドルを支払う
4．日本語化作業における技術コンサルタント契約を別途締結し、エデュート社は日本語化作業を8万ドルでアイ・ラボ社から受託する
5．ロイヤリティーは50%とする

1週間後、フィリップスより、契約に合意する旨の連絡が来た。

1　価値創造のメカニズム

互いの利害は実は複数存在するかもしれない

前の章では互いのBATNAや留保価値を把握し、それに働きかけたり、新たな対案を作り出したりするやり方を紹介しました。

これは、価値分配型の交渉でも、価値創造型の交渉でも基本となる考え方です。本章では、特に価値創造型の交渉を進めていく際に必要となる考え方に重点を置いて解説していきます。

価値創造型交渉においてまず重要なのは、それぞれの当事者が何を本当に求めているかにフォーカスを当て、互いの求めて

図表2-1　エデュート社対アイ・ラボ社　交渉の構造

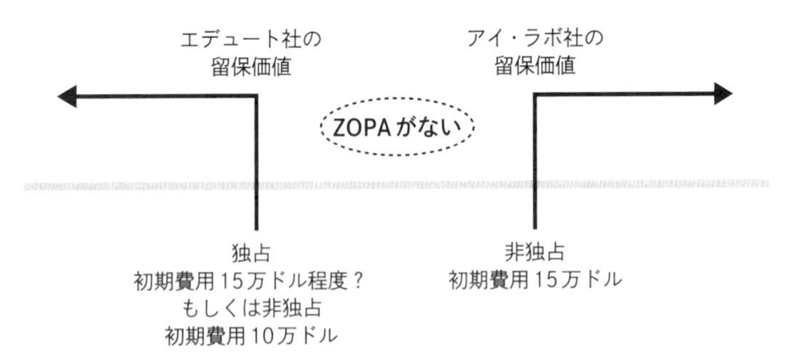

いることは複数に分けられることを見出し、そして互いの「違い」を明らかにすることです。

冒頭のストーリーでは、「非独占かどうか」「初期費用負担がいくらか」にだけ目を奪われていたとしたら、双方の留保価値が離れている以上、決裂しかなかったでしょう。たとえば、「非独占かどうか」という論点に対して、アイ・ラボ社は「日本語訳は自社で行い、そこで作った日本語版ソフトを非独占の形で日本市場で販売する」と考えており、一方、エデュート社は「日本語版販売権をエデュート社だけが独占的に受託し、日本語訳を自社で行って、日本市場で販売する」と考えていました。

そして、この点についてはZOPAが存在しないと思われていたのです。ところが、実は「独占か非独占か」という点と「日本語訳作業を誰が行うか」という点は別の論点だと気付いたところが最大のポイントだったわけです。

論点複数化と価値の分配

ストーリーでは若槻は交渉終盤になって、アイ・ラボ社側は形式としての非独占販売と高額な初期費用を要求していますが、「自社で日本語訳作業をやりたい」わけではないことに気付きました。一方で、エデュート社としては、なるべくアイ・ラボ社に日本語訳作業をさせたくない、させざるを得ないとすればその結果被る追加費用を回収したい、としていました。結果として、アイ・ラボ社から日本語訳作業をエデュート社自身で受託することで、アイ・ラボ社側から見ればオープンな形を満たしつつ、エデュート社としても自社に都合のよい日本語版を作成できるという、合意可能な内容に達することができました。

当初、若槻たちが認識していた論点は「エデュート社独占とするか非独占か」と「初期費用はいくらか」でした。ところが、この論点に絡む価値をもう少し分解してみると、前者は「契約形式上、独占か非独占か」だけでなく「エデュート社が日本の競合に対してこのソフトの販売で優位を保てるか」、後者は「初期費用がいくらか」だけでなく「日本語版へのカスタマイズをいかにエデュート社の望ましい形で進めるか」、「カスタマイズ費用をどう回収するか」も含まれていたのです。

アイ・ラボ社は「契約形式上の非独占」と「ロイヤリティー」には強いこだわりがあったようです。一方、エデュート社から見れば、「契約上の独占」は「日本の競合に対する優位性」を保ちたいからこそ価値を認めていたのであり、別の形で優位性が確保できるのであれば、非独占も認める余地がありました。また、日本語版へのカスタマイズを別途行わなくてはいけない（費用が発生する）と思えばこそ初期費用の低減にこだわっていたのであり、カスタマイズ費用を上手く吸収できるのであれば、初期費用の額は譲る余地がありました。日本語版作成作業をエデュート社に委託させるというアイデアは、競合に対する優位性の確保とカスタマイズ費用回収とを同時に実現する一石二鳥のものだったのです。

つまり、

- ある論点に対して双方が感じている価値の違いを認識する

図表2-2 価値創造型交渉の構造

価値分配型

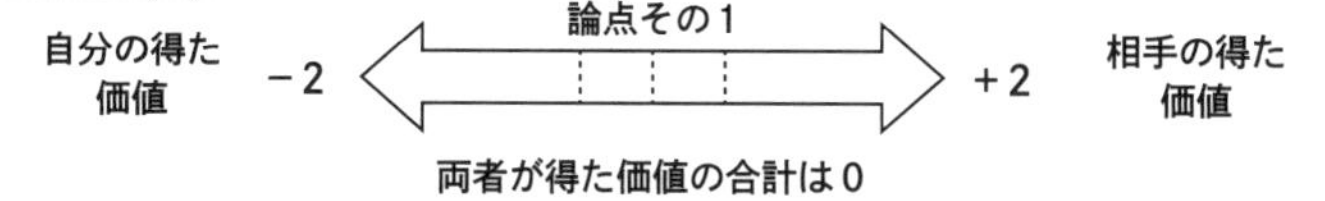

価値創造型

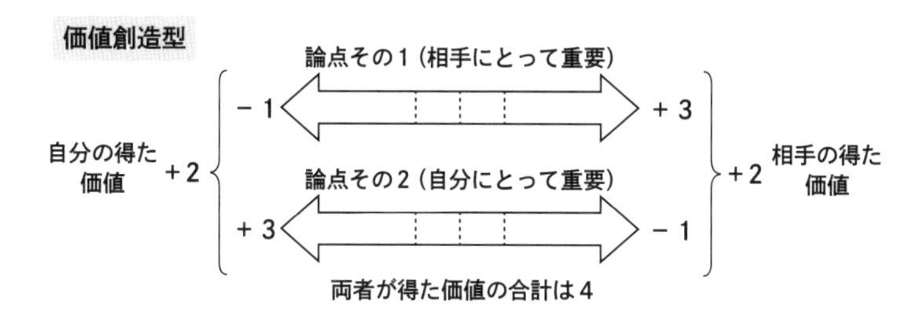

複数の論点において、自身にとって価値の小さい点で譲り、その代わり自身にとって価値が大きい（相手にとってはそうでもない）点で有利にする

- 自身にとって価値の小さい論点で相手に譲る
- 自身にとって価値の大きい論点では自身に有利になるように相手に譲らせる

以上のような価値の交換を行うと、双方にとっての価値の合計は当初より増えることになります。

論点を複数化することによって、単一論点だと見えていたときの「ゼロサム」状況を回避しつつ、互いに分配できる価値が増加するので、分配可能な解の領域が広がっていることが分かります。これが「価値創造」型と呼ばれるゆえんです。

2　価値を創造する「違い」とは

「違い」には大きく分けて二つある

「交渉相手との価値の違いを見つける」と一口に言いますが、その「違い」は大きく分けて二つの観点から見ていくとよいでしょう。

一つは、ある論点に対して、お互いがどのような価値を感じているのかの違いです。よく言われる例としては、ある姉妹がオレンジを取り合ってお互いに譲らずケンカになってしまったという話があります。二人でよく話し合ってみると、実は姉はマーマレードを作るためにオレンジの皮が欲しくて、妹はオレンジの中身を食べたかった。それが分かれば、姉が皮を妹が中身を取ることで仲良くオレンジを分け合うことができたという結末です。つまり、一見して双方が同じ一つのモノを取り合っているように見えて、実はお互いが欲しいモノ、すなわち価値を感じている対象は違うというケースがありうるのです。上の例は、その違いを発見するには、相手の意図を詳しく知ろうという意識と率直なコミュニケーションが必要であることを示す教訓ともなっています。

もう一つは、既に互いに認識している複数の利害関心の中で、それぞれがどの程度の優先順位を置いているか、その重み付けの違いです。こちらの方が先の例よりも、ビジネスの現場ではより頻繁に出てくるかもしれません。冒頭ストーリーで言えば、ソフトウェアの日本での販売権という大ぐくりの論点の中に、細かい論点として初期費用やロイヤリティーの料率と並

図表2-3 価値を創造する「違い」

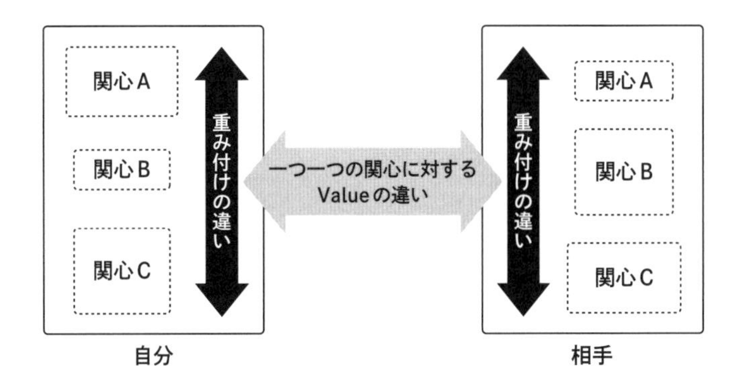

んで、日本での独占販売を許可するかどうか、ソフトの日本語化作業をどちらが行うかという点があることも明らかではありました。ただ、交渉の途中では必ずしも論点間の優先順位の差は意識されず、論点ごとに押し合いをしていた格好です。交渉終盤になって、若槻が「アイ・ラボ社は自社での日本語化について主張はしているものの、実はさほど重視しているわけではない」一方で、「エデュート社は日本語化を自社でやることを非常に重視している」という差に気付き、妥結に導いたのです。

交換できる価値の違いの代表例

交渉当事者双方から見て実は価値の違いが見えてくるという視点は、代表的なものとして以下があります。フィッシャー、ユーリー、パットンの『新版ハーバード流交渉術』では、実際の交渉の場で現われ、Win-Winに持って行けるような利害の

相違の例として、

●形式　vs.　実質

●経済的側面　vs.　政治的側面

●対内的側面　vs.　対外的側面

●象徴的側面　vs.　実際的側面

などが挙げられています。それぞれ実際のビジネスシーンでは以下のような例が該当するでしょう。

●「形式 vs. 実質」……共同で作った著作物について、一方は「著者」として名前が出ることを望み、もう一方は印税収入の確保に関心がある場合

●「経済 vs. 政治」……種類株式で、優先株などは投資家の経済的側面を重視する意向に合わせ、黄金株（買収関連で拒否権を行使できる株式）などは経営への関与度の強さ（政治的側面）を重視する意向に合わせたものと言えるでしょう

●「対内 vs. 対外」……ある組織で誰がリーダー的役職になるか争いになったとき、対内重視の役と対外重視の役に分けて就くことがしばしばあります

●「象徴 vs. 実際」……リーダーを巡る争いで、一方は組織のまとめ役的に内外問わずセレモニー等で表面に出、もう一方は実務の意思決定を主にやるといった分担になることもしばしばあります

ここまで上記は一つの対象について別種の価値が存在するという視点を紹介しましたが、相手との優先順位の差を見極めるためには、ある一つの関心に対する双方の見積もり度合いの差についても検討が必要です。たとえば、以下のようなパターン

です。

＜時間に対する切迫度の相違＞

あるメーカーC社が新製品の製造ラインを急きょ立ち上げることになり、3カ月後に1,000個製造開始するということになりました。それまで納入していた部品メーカーD社は、そんな短期間に対応するならと通常価格の20％上乗せを要求します。C社は上乗せ価格を支払っては新製品のコストが上がってしまうので、通常価格で買うとするなら何カ月後までに納入できるかと聞くと、6カ月後とのこと。今から代替の部品メーカーを探すことも不可能です。製造ライン立ち上げがそんなに先まで遅れると競争上大打撃となるため、20％上乗せを飲まざるを得ないかと思われたのですが……、実は解決策はありました。C社はなるべく早く製造開始することが死活問題でしたが、D社が短期間対応に上乗せを要求するのはあくまで通常キャパを超える生産に追加コストが発生するためで、通常キャパで対応できる範囲の製造量であれば追加コストは必要ないのでした。そこで、3カ月後の納入は通常キャパの範囲の400個とし、以後分割して1,000個まで納入していくことになりました。かくして、C社は3カ月後の新製品の製造ラインの立ち上げを追加費用の負担なく実現でき、D社も1,000個分の新規発注にコスト増なく対応、その後も取引関係が継続するというWin-Winの決着となったのです。

これは、時間に対する切迫度の違いを利用してお互いに価値のある選択肢を生み出したケースと言えます。他にも、ある評価軸に対するお互いの認識の差を利用して合意できる道を探るケースには、以下が挙げられます。

＜期待値の相違＞

ある2社が合弁会社を設立しようとして、その利益分配について交渉するとします。両社の力関係が互角であれば等分で決着するかもしれませんが、いくらか体力差があるとき、6対4なのか、はたまた7対3なのかで合意できず膠着することもあるでしょう。こんなとき、たとえばB社が利益をまず一定額確保し、それを上回った分の利益の中から80%をA社、20%をB社に配分するような条件を付けるという手段があります。B社はその合弁会社に期待できる利益を低めに見ている一方、A社は高めに見ているというように、期待値の開きがあれば合意に達する可能性が出てくるのです。

＜リスク選好の相違＞

前記の条件付き契約の例は、A社は比較的リスクを取ってもよいとする一方で、B社はあまりリスクを取りたくないと考えている場合にも使えます。B社は、合弁会社の業績のよしあしにかかわらずある程度の配分を確保できる一方で、A社は悪いとき（利益が所定額以下のとき）は配分ゼロのリスクを負う代わり良いときは大きく配分を得ることができます。

実は、様々な市場におけるオプション取引は、投資家間にこうした収益見込みやリスク選好度の差があることによって、売買が成り立っているという面があります。

図表2-4 交換できる価値の例

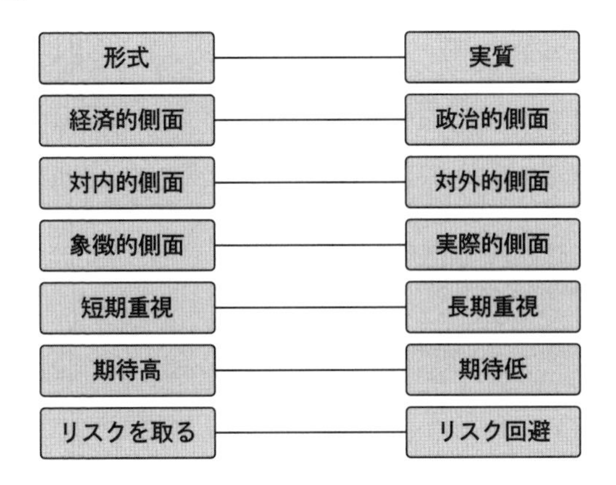

<関係当事者を増やす>

最後は、これまでの三つの切り口とはやや毛色が異なりますが、関係当事者を増やしてみるというやり方です。当事者が増えると、それだけ利害の種類も増え、利害の相違を交換できる可能性も高まります。ストーリーでいうと、「コンテンツ保有者」のアイ・ラボ社と「日本語版販売者」としてのエデュート社間の交渉でしたが、「日本語化作業請負者」の存在があることに気付いたところが打開のポイントとなりました。当事者を増やすというとき、単に関係する主体を増やすだけでなく、主体は同じでもエデュート社の例のように立場を変えてみることも含みます。

いずれの場合も注意が必要なことは、一般的に互いの関心が複雑に絡み合うと調整も難しくなることです。したがって、価値の相違を作りだすことが交渉妥結に常に効果的だとは限りません。ただし、一見して一つの関心をめぐって争っていると思えるものも、ここに挙げたような切り口から「異なる関心の交換に持ち込めないか」と考えてみることは、常に念頭に置いておきましょう。

価値の違いの発見を妨げる思い込み

これまで見て来たような、お互いの価値の認識の違いを交換して妥結の選択肢を見つけることは、交渉がまとまってから客観的にふり返ってみると、いかにも簡単で当たり前の成り行きのように思えるかもしれません。ところが、交渉の現場において相手との価値の違いを発見するのは意外に難しいものです。その理由として、以下のような思い込みが挙げられます。

①自分と相手で環境が同じだという思い込み

交渉をめぐる環境や条件について、自分と同じ事情を相手も抱えているという思い込みです。たとえば、こちらは交渉で妥結する内容について社内決裁を得るのにさほど手間がかからないのに対し、相手にとっては時間も手間もかかることを見落としていたといった具合です。こうした要因については、先方から積極的な情報開示があるとは限りません。意識して「相手の事情はどうか」と確認していないと、何気なく自分の環境を相手方にも当てはめてしまいがちなのです。

②立場が解決策を規定するという思い込み

社内の部門間での交渉のように、お互いに交渉者の役割や権

図表2-5 価値の違いの発見を妨げる思い込み

① 相手の置かれた環境は、自分のものと同様だと思い込んでしまう
（合意への圧力、入手できる情報　等）

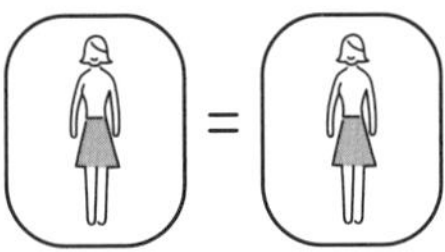

② 解決策の選択肢となりうるものは自分の立場によって規定されていると思い込んでしまう

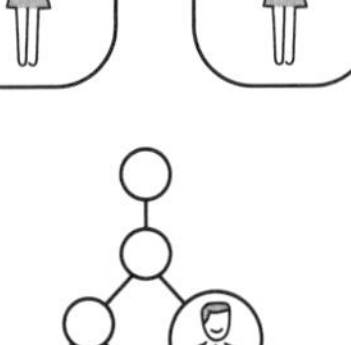

③ 自分と相手で時間に対する感覚が同じだと思い込んでしまう

④ 論点は所与のものだと思い込んでしまう

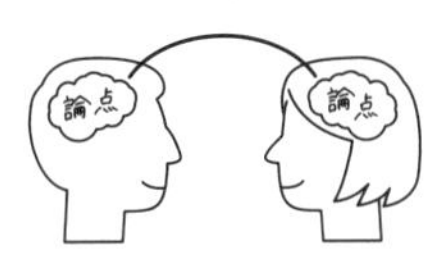

限を熟知している場合に起こりやすいのですが、「自分（や相手）の立場を考えたら、この問題はこう考えるべきだ」と予め決めつけてしまうパターンです。この場合、「いま交渉されている以外の軸からみた解決策を出すのは越権だろう」と考えるあまり、解決に導く発想の幅が狭くなりがちです。たとえば、調達部門と製造部門とで材料の納品スケジュールについて交渉になった場合で、担当者同士はスケジュールの押し引きで膠着してしまい、予算や人的資源のやり繰りのような別の観点からの解決策が見落とされるといったケースです。

③自分と相手で時間に対する感覚が同じだという思い込み

明白なデッドラインが自分と相手で異なる場合は比較的分かりやすいですが、もっと漠然と、こちらは早く決めたいのに先方はそこまで切迫していない（あるいはその逆）という程度では、違いに気付きにくくなります。合意に対する時間的プレッシャーの大きさや、時間に関する社内文化などは、いずれも明示される性質でなく、外部からは分からない場合があります。

④論点は所与のものだという思い込み

後半の章でも触れますが、人間は最初に抱いた認識に引きずられてしまう傾向があります。特に相手から仕掛けられた形で交渉に入る場合は、相手の持ち出した論点こそが所与のもので変えられないかのように思い込んでしまうので、注意したいものです。

2 どのようにして価値を創造していくか

企業合併—どちらの情報システムに統一するか

田中孝二郎は、日用品卸の中堅企業、コグマ物産の情報システム部長である。物流システムや販売管理システム、社内管理システムなど、情報系の一切を管轄している。

コグマ物産は、長引く景気の低迷による消費の落ち込みなどを受けて、ここ数年業績は伸び悩んでいた。そして遂に、新興の卸売業であるアリエス商事と合併するかもしれないという情報が内々に田中に示された。社長と企画部門の役員・社員ら、限られた人数で検討を重ねているという。田中が指示されたのは、仮に合併すると決まった場合、合併会社の情報システム全般をどうするかということであった。

コグマのシステムは、大手システムベンダーのパッケージをカスタマイズしたもので、長年使われてきた中で、業務の流れに対してきめ細かくフィットしていた。それに対して、アリエスのシステムはクラウド型とのことだった。低コストで、社内の運用にもそれほど手間がかからないというのが売りである。

田中はひそかに情報を集めていくうち、どうやら客観的にみればアリエスのシステムに統合した方がよさそうだと理解するようになったが、一方で仮にそうした場合、コグマの既存システムからアリエスのシステムへと移行するのは、かなり大変な作業になりそうだとも考えた。田中は、自分の部下の中でも信頼の厚い宇野に事情を明かし、さらに調査を進めるよう指示した。

数日後、田中は一通りの調査を終えた宇野と作戦会議を開いた。

「そろそろ合併情報がオープンになるそうだ。そうなれば、いよいよ情報システムに関して先方と交渉開始だ。その前に、ウチのスタンスを固めておかなければいけない。

ざっくばらんに言って、宇野さんの意見は？」

「個人的にはウチの方に合わせるのに一票ですね」

「ほう、理由は？」

「一言で言えば、移行の手間です。具体的には、新しいシステムになじむよう、各部署にトレーニングの機会を設ける必要がありますが、これにかなりのコストがかかるでしょう。規模の小さいアリエスをウチに合わせる方が、移行コストは少なくて済むはずです」

「初期のコストはかかるかもしれないが、定着してしまえば、経常的な運用コストはアリエスで統一する方が安そうだぞ。それでキャッシュが浮く分を現在価値に直せば、数年でペイしそうだし、向こうは当然それを主張してくるだろう」

「計算上はそうかもしれませんが、社員は今のシステムに慣れていますから、新しいシステムについて学び直すことへの抵抗は大きいと思いますよ。それに、今のシステムにはかなり開発費もかけてますし」

「これまでの開発費は、もう済んだことだ。今から費用が発生するわけではない。それに、仮にウチのシステムを使い続けていたとしても何らかの更新はあるわけだし、それこそ将来クラウドに変えようという話が出てくる可能性だってある。ウチの方がいいという理由としては弱いんじゃないか」

「うーん、理屈はその通りですが。実際に社内がウンと言うかですよね。統合しないで、お互い元のシステムを並行して走らせるというわけには？」

「それも全くありえなくはないが、さすがに避けたいな。両社共通の顧客に対して二つのシステムが存在することになってしまうし、将来的には社員や拠点も交流していくと聞いているのに、システムが二つ存在するのではあまりに非効率だ」
「そうですよね。これは困りましたね」

合併の実務的な計画策定が進むにつれて、この問題は徐々に明らかになっていった。宇野の懸念どおり、コグマの社内はシステム変更を断固拒否する声が圧倒的で、結局田中は内心と別に、合併交渉においてはコグマの既存システムを主張することになった。

そんな中、いよいよ初回交渉が行われた。アリエス側は当然のごとく自社のシステムの優位性を挙げ、合併後は自社に合わせるべきだと主張してきた。アリエスの情報システム担当役員の柳川は田中より一回りも年下だが、情報システムの最新事情に詳しく、自社のシステムに統合する方がいかに得か、さまざまなデータを示して説得してきた。

田中の方も、譲るわけにはいかない。自社のシステムの方がカスタマイズが行き届いており細かいところまで使い勝手がよいことや、ベンダーのサポートが手厚いことなどをアピールした。

交渉はお互いが自社の主張を繰り返すばかりで平行線となり、数回行われたきり次のスケジュールが入らない状態となった。たとえ交渉の場を設けたとしても、話が進展するメドが立たないためである。その間、営業や物流など他の部署は合併準備を着々と進めていく。田中は一度、コグマの経営会議でアリエス側で統合する案で決着してはどうかとほのめかしたが、他の役員陣から即座に否定されてしまった。

板挟みにあって困り果てた田中のところに、柳川から非公式に二人で会わないかとの連絡があった。
「田中さん、このままではらちがあきませんね」
「うん、お互い、説得でどうなる感じはしないね。トップの決断次第ではないかな」
「組織として譲れないという事情は分かります。ですがここだけの話、田中さん個人では、どうお考えなんですか」
「……。やはり、クラウド型の方が何かと便利だとは思う」
「これまでは別々の会社でしたが、もう私たちは一緒の会社だと思います。ですから、一緒の方向を見ていて、利害関係も一緒のはずですよね。先ほど、トップの決断次第とおっしゃいましたが、私たち二人で御社のトップを動かしませんか」
本来、コグマとアリエスは対立構造ではない、利害は一致しているはずだという柳川の言葉は、田中の胸に響いた。合併を決めてきた社長にしても、同じ見方は共有できるだろう。それに残された時間も少ない。とすれば、純粋にコストとベネフィットを比較したデータを示せば「アリエスに統一」で説得できるかもしれない。田中は、ようやく膠着状態を打開できるかもしれない、と希望を抱いた。

その後の議論では、二人はかなり突っ込んだところまで本音を見せ合った。
「コグマさんの経営陣は、結局のところ、何を大事にしたいんですか？　まさか単なるメンツ？」
「それは無関係といえばウソになるが、さすがにそれだけを理由に反対するほど、非合理的ではない。そうだなあ……、やはり新しいシステムを学び直す手間、およびそれへの不安、というのが大きいと思う」
「新システムを学び直す手間というなら、システム移行のための勉強会みたいな企画をアリエス側のシステム担当者が開催するというのはどうでしょう」
「いや、仮に勉強会の講師をそちらでやってくれるとしても、コグマ側のたくさんの社員がその勉強会に参加して学ばないといけないわけだろう？　その手間は残るのでは」
「確かにそうですね……、ただ、一気に切り換えないで少しずつ移行していくという手はあると思います。人や組織を合併時からいきなりシャッフルするわけではないようですし」
「ふーむ、それなら反対の材料は一つ消えるかな？　もう少し考えてみたいが……」
田中はここでは慎重に明言を避けたものの、交渉に臨む自らの姿勢が変わってきたのを感じていた。それまでは、なるべくこちらが不利になるような材料は出すまいと常に警戒していたし、ある程度予想のつく事柄についても、言質を取られまいと曖昧にぼやかすことが多かった。それが、なるべく情報をオープンにし自身の見解も正直に言うことで、柳川と協力してシステム移行という問題を解決していこうという姿勢になってきたのだ。

「いずれにしても今日の議論で、具体的にこちらの気になるポイントが明確になれば、何らかの解決策が出てきそうだということが分かったよ。次回までに、もう少しコグマ側で何をどこまで許容できるか、精査してくるよ」

「それはいいですね。まとまりそうな光が見えてきましたね」

1 「価値の違い」を把握するコミュニケーション

情報の非対称性

交渉においては、お互いの利害関心やBATNAなどを事前によく知っているというケースはめったにありません。つまり、「こちらが知っていることを相手は知らない、同時に相手が知っていることをこちらは知らない」という情報の非対称性がつきものです。

これが交渉の難しさの要因となるのですが、見方を変えれば、この非対称性を解決していくことによって、前節で解説した「価値を創造する違い」を発見し、創造的な解決策が生まれる余地があるのです。

情報のギャップを埋めていくためには、交渉相手に対しても、自分側の関係者に対してもコミュニケーションが欠かせません。方策としては、

- 意図を確認するための質問をする
- 相手の意図を自分がどう理解したか、要約して表現し、相手に確認させる

の2方向があります。

質問をする際には、前節のストーリーで若槻が最後にフィリップスにしたように「なぜ○○するのか／○○と主張するのか」と理由を問う、「○○とはどういう意味か」と使っている言葉の意味を問う、「○○と△△では、どちらを優先するのか」と優先順位を問うなど、さまざまな角度から聞くことで、相手の意図をきめ細かく理解していきましょう。

65ページのC社とD社の例で、仮にD社担当者の立場であれば、C社から「3カ月後に1,000個頼む」と提案されたところで、「なぜ3カ月なのか、なぜ1,000個なのか」を問うことで相手の利害関心をきめ細かく把握するとよいでしょう。

また、相手の頭の中を理解するだけでなく、こちらの頭の中を相手に理解させることも重要です。そのために、「今の話は○○ということですか」「もし○○と△△のどちらかを選ぶとしたら、○○だという理解でよろしいですか」というように、自分が理解していることを要約して口に出すなどして、相手とすり合わせていきます。

相手との信頼を構築する

上では具体的なコミュニケーションの取り方について触れましたが、それに加えて重要になってくるのが、「相手との信頼を構築する力」です。交渉で対峙する関係では、どうしても互いに手持ちの情報を隠しがちになります。実際問題、こちらの

事情を何でも進んで相手に開示してしまうことは、戦術として決して得策とは言えないので、こうなること自体はある程度やむを得ません。

ポイントは、こうした「互いに自発的には手持ちの情報を明かさない」という制約条件の中で、いかに交渉上価値ある情報を共有し合うかという点にあります。それを可能にするのが、「彼／彼女にならばこの点は話して大丈夫だろう」と思わせるような、互いの信頼関係です。

そのような信頼関係は何から生まれるのでしょうか。主なものを挙げるとすれば、以下の点があります。

- 誠実であること：交渉の根幹部分に関してウソをつかない、約束は守る、という態度
- 自己開示：自分の持つ情報を相手も知っている状態は安心感につながり、開示する姿勢が誠実さのアピールにもなる
- 単なる敵対関係ではなく、両者の間の問題を協力して解決するという共通の目的の下に行動している姿勢を見せること

ストーリーの田中と柳川については、合併が決まったことで、お互いの所属元の利害を闘わせる立場ではなく、同じ方向を向いて問題を解決していく立場であることに気付いた点が、状況を打開し解決へと向かっていくきっかけとなりました。

立場でなく利害に焦点を合わせる

現実の世界では、「交渉が対立したまま、価値の違いを見つ

けて交換する方向に進展せず膠着してしまう」ケースも頻繁に起こります。ストーリーでは、コグマとアリエスの合併会社における情報システムの採用をめぐって、両社が自社のシステムに合わせることを主張し、どちらも次の手が無くなってしまっています。

『新版ハーバード流交渉術』で提唱される有名な戦術の一つに「立場でなく利害に焦点を合わせよ」というものがあります。つまり、一見双方の立場の食い違いのように見える問題も、根底にあるのは各当事者の要望、欲求、関心、懸念といった利害の衝突であり、この利害を調整することで交渉がうまくいくという趣旨です。この利害の調整の過程で、本書が強調する、双方の求める価値の違いを活かした「価値創造」が行われます。

「立場でなく利害に焦点を合わせる」ことの意義は、当事者の表面的な主張よりもその背後にある動機に着目するという点に加えて、互いの立場にとらわれて視野が狭くなったり見方が偏ったりすることを避ける点にもあるでしょう。この後の第3章でも紹介しますが、自分が当初示した立場にとらわれてしまうと、特に相手に対して妥協したり当初と違う案を受け入れたりすることが自分の「負け」であるかのように感じて、それを嫌うがあまり客観的な判断ができなくなってしまうケースはしばしば生じます。

ストーリーの田中は、客観的に見れば相手のアリエスのシステムで統合する方がメリットが大きいことに内心気付いていますので、立場を離れて互いの求める価値の違いに焦点を合わせれば、柳川－田中間で合意に至るのは難しくなさそうです。しかし、交渉が対立しているときは、往々にして当事者同士が合意しただけでは事態を打開できないことがあります。田中の場合は、背後にいるコグマの経営陣を説得する必要がありました。単に相手との立場上の駆け引きで合意したというよりは、互いの利害を少しでも満たす案で合意したのだという根拠を示す方が、社内を説得できる可能性は高まるでしょう。対立と見なされがちな立場を離れて、交渉者が同じ方向を向いて、よりよい案を探したり、関係者を説得したりしていくのです。ストーリーの例を展開すれば、田中だけでなく柳川も協力して、コグマ経営陣を説得するのが次のステップとなります。

ところで、ストーリーでは、対立する二つの案を客観的に比べれば片方（アリエス案）が優れていると容易に合意できる設定でした。しかし、対立する案が一見して甲乙つけがたい場合（だからこそ膠着しやすいと言えます）はどうなるでしょうか。この場合でも、互いの立場を離れて、少しでも両者にとって効用が最大化するような案を見つける姿勢が重要になります。

あるいは、本当に両者の案が甲乙つけがたいのであれば、視点を変えて「両者で合意した案を採用する場合と、決裂して互いに独自の案を採用する場合との比較」を検討してみましょう。前者の方が効用が大きいのであれば、とにかくどちらかの案を採用してしまい、自分の案を捨てざるをえなかった方に対して別の機会で埋め合わせを行うことでバランスを取るという手もあります。

もっとも、この「別の機会で埋め合わせ」方式をとるとして、本来きちんと両者の案の効用の差を吟味すべきところを、とりあえず合意を急いでしまっては本末転倒です。あくまでも両者の利害に焦点を当てて選択肢を吟味したうえで、膠着を解くための打開策の一つとして意識しておきましょう。

2　双方が協力するインセンティブを設計する

現実のビジネスシーンでは、利害を意識しながらも結果的に不利な状況に陥ってしまうために、事態が膠着するという状況もしばしば現れます。膠着してしまう理由はさまざまありますが、構造を見抜くことができれば対応策も見えてきます。膠着に至る典型的な構造の一つが、「囚人のジレンマ」と呼ばれるものです。

囚人のジレンマとはゲーム理論の用語で、以下のような例で説明されます。

――個別に取り調べを受けている二人の共犯の容疑者がいるとする。検察側は十分な証拠を持っていないため、二人とも黙秘を通せば、両者とも別件のみの軽い罪に終わり、それぞれ1年程度の服役ですむ。他方、どちらか一方がもう一方を裏切って自白した場合は、いわゆる司法取引により、自白者は放免され、黙秘者は15年の服役を科せられる。両者とも自白してしまった場合、共犯でそれぞれ7年の服役となる――

この状況は、図表2-6のように図示することができます。

容疑者2の立場で考えると、仮に容疑者1が黙秘を通した場合、裏切って自白すると無罪、信頼して自分も黙秘を続けると1年服役となって、裏切る方が有利です。次に容疑者1が裏切ると想定した場合、自分も自白すると7年服役、自分だけ黙秘

図表2-6 囚人のジレンマ　マトリクス

		容疑者1	
		自白しない	自白する
容疑者2	自白しない	1 1	0 15
	自白する	15 0	7 7

右上が容疑者1の懲役
左下が容疑者2の懲役

を貫くと15年服役となって、やはり自白したほうが有利となります。相手の行動のいかんに関わらず、「共犯者を裏切る(＝自白する)」という行動を取ったほうが有利なのです。

ところが、両者がこの認識に立って「自白する」を選択すると、両者7年の服役となり、「互いを信頼して黙秘を貫く」ことに成功した場合の利得（1年の服役）に比して、両者にとって利得が低くなります。

たとえば、ある商品を販売する企業間の値下げ競争や、やはり競合関係の企業間で販売促進効果のある広告を打ちあっているうちに広告費用が大きくなりすぎたり公序良俗の観点から疑問符がつく内容にエスカレートしたりするケース、新卒学生に対して少しでも採用を確保するために囲い込みを行うケースなどは、囚人のジレンマが現実に表れている例と言えるでしょう。いずれも、当事者の企業にとってみれば、相手がどう出ようと「やらないよりはやった方が利益になる」という判断でついやってしまうわけです。しかし他の企業も同様に考えて同様の行動を取るので、結果としてどの企業もさほどの利益にならない、という構造になっています。

このジレンマを回避するための方策はいくつかありますが、大きな方向性として、お互いに「裏切らない方が得、裏切る方が損」ということをいかに確信させられるかがポイントです。たとえば、①裏切ると一定のデメリットがもたらされることを双方が事前に認識する、②協調していくことに一定のメリットがあることを双方が事前に認識する、③今回一度限りの関係ではなく今後も何らかの形で取引関係が続くので、今裏切ったら将来報復として不利益を受けると認識する、などです。

具体的には、何か契約を結ぶ案件であれば、交渉を破談にしたり契約を解消するときに補償金、資産の譲渡等が発生するように予め定めておいたり、逆に一定期間後に契約を再度更新するときには今以上の好条件となるよう定めたりすることは、しばしば行われています。また、ストーリーのコグマとアリエスのように、交渉が決着しない状態が長引くと双方ともに困ったことが起こる（合併後も2種類の情報システムの併存が続くという状態に陥る）という時間的プレッシャーも有効です。さらに、複雑で独特のノウハウを共有するなど関係を始めた早期の段階で互いに依存する状態を築き、実質的に途中で「裏切る」

という選択肢を取りにくくなるといった状況も、双方が協力するインセンティブとして働きます。

いずれの場合も、当事者の将来の損得認識をいかに修正させるかという点で、当事者同士の率直なコミュニケーションは重要なカギとなります。そのためにもやはり、当事者間の信頼関係の醸成が欠かせません。

交渉テーブルの「セットアップ」自体を操作する

『最新ハーバード流３D交渉術』の著者デービッド・A・ラックス、ジェームズ・K・セベニウスによれば、交渉の構造は三つの次元で捉えることができるといいます。

第一の次元は、交渉テーブルの上で相手とのコミュニケーションを通じて、いかにZOPAの中で合意に至るかという「戦術」の次元。第二は、本章第１節で述べたような論点の複数化等を通じて、Win-Winを可能にするような新たな合意案を創出したりといった「取引設計」の次元です。

加えて第三の次元として、交渉テーブルから離れた場所で、そもそも交渉相手はこれでいいのか、交渉に至るプロセスは変えられないかといった交渉の「セットアップ」があり、これについても自己に有利にできないか検討するべきだとしています。

本書では扱う範囲が広くなりすぎてしまうことからコラムでの言及に留めますが、交渉に入るまでの過程や交渉の当事者を誰にするかについて、自己に有利なようにコントロールすることの意義は無視できません。

前掲書では、正しい交渉の「セットアップ」について以下の点の検討が重要だとしています。本書で既に述べた内容と重複するところも多くありますが、再確認の意味で掲載します。

①関係当事者の正しい見極め

②「利益」（当事者のそれぞれが交渉にかかっていると見なしているものすべて）の見極め

③「最善のノーディール・オプション」（本書で言うBATNAと同様の意味）を分析して、ZOPAの有無と範囲を見極める

④的確な「順序付け」と「基本プロセスの選択」（「順序付け」とは当事者や論点の多い複雑な案件において、誰と何についての交渉を先にするかということ。「基本プロセスの選択」とは、会合の招集の仕方や議題の発表の仕方、意思決定のルールなど）

第2章 まとめ

- ✓ 互いが利害関心に抱いている価値の違いを発見し、それを交換することで妥結の可能性が広がる。
- ✓ 価値の違いには、一つのモノに感じる価値の性質が違うという場合と、複数の価値の間で重み付けに差があるという場合の２通りがある。
- ✓ ビジネスでよく表れる「価値の違い」として、形式－実質、経済的側面－政治的側面、時間に対する認識の差、リスクに対する認識の差、等がある。
- ✓ 価値の違いを発見するには、相手との信頼を構築し、率直なコミュニケーションを図ることがカギ。
- ✓ 膠着状態になったら、立場を離れて利害に集中したとき選択肢が絞られないか検討する。
- ✓ 囚人のジレンマ状態の膠着を脱するには、
  - ・今の状態が続くことのマイナス面／新しい解決策のプラス面
  - ・裏切ったときのペナルティ

  をいかに相手に納得させられるかがカギ。

第3章

妥結を阻む
さまざまな障害とその克服法

1 交渉の障害となるものの全体像

第2章までで、交渉の進め方、特に価値創造のためにどうすべきかについて、大枠をまとめました。ところが、なかなかこのように教科書通りに上手く進まないのが、交渉の難しさです。

交渉者にとって合理的な判断を妨げる要素としては、以下の点が挙げられます。

①情報入手の難しさ／非対称性

②認知バイアス

③心理的バイアス

なお、これらは合理的な判断の「障害」という表現を使いますが、あくまでも合理的な判断という点から見れば妨げになるという意味であり、必ずしもこれら要素が「交渉の場から排除すべきもの」「あってはならないもの」という意味ではありません。

たとえば、①の情報入手の難しさ／非対称性は、価値創造型交渉においてはなるべく情報を開示し共有することが望ましい一方で、価値分配型交渉においては相手に対して情報開示をコントロールすることがむしろ成功のカギとなったりします。価値創造型交渉においても、全体のパイを大きくした後の双方で分配する場面においては、価値分配型交渉の要素が残ることが多いため、一概に何でも情報開示／共有することが善というわ

図表3-1　交渉の障害となるものの全体像

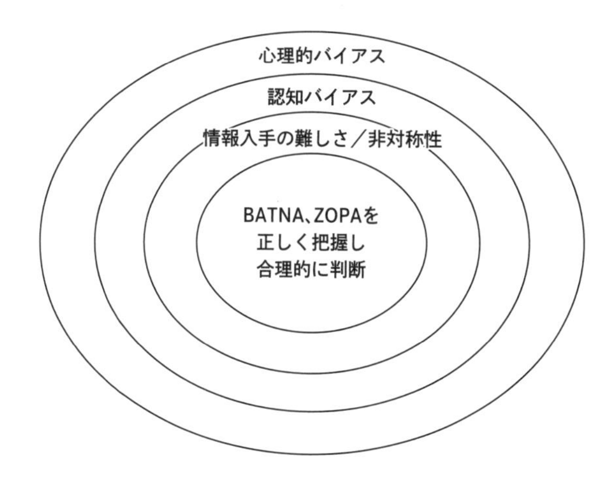

けではありません。

②、③のバイアスについても、交渉上の判断から切り離すべきものもありますが、むしろバイアスが意思決定に影響を及ぼすのは受け入れた上で、それを前提に交渉戦略・戦術を組み立てることも大いにありうるのです。

①の情報の非対称性については前章で取り上げましたので、本章では、②と③のバイアスについて、それぞれより詳細に解説していきます。

2 認知バイアス

ECサイトの制作で仕様変更が起こる訳

ベターサイト社は中堅のウェブサイト制作受託会社である。従来、企業や団体のPRのためのサイト制作がほとんどであったが、近年、データベースや暗号化技術を取り入れてEコマース対応サイトの構築などの実績も増やしているところである。

同社は3カ月ほど前、順調に業績を拡大している九段商事のECサイト構築を受注することができた。九段商事は、大手衣料品商社から近年スピンオフしてできた中堅企業で、高齢者をターゲットとしたカジュアル衣料ブランドを専門に展開している。シルバー向けでいてある程度の若々しさも兼ね備えるといった特徴的なデザイン群と、中心価格帯の安さを武器に、少しずつ全国のショッピングセンターへ出店し、好評を博していた。リアル店舗での販売好調を背景に、いよいよネットでの販売にも乗り出してきたのである。

サイト構築にあたっては、ベターサイト社内にプロジェクトチームが編成され、九段商事側にもサイト制作経験はないがマーチャンダイジングの現場をよく知っている三好部長をヘッドとするチームができた。

しかし、ベターサイト社のプロジェクトチームは、実際には一部メンバーがECサイト構築の実績があるだけで、経験不足のところがあった。そのため、サイトは4月稼動開始を予定していたが仕様決定や開発が遅れ、いったん7月に予定変更したのに、6月のテスト段階になっても様々なバグが解消せず、とても公開できそうにないことが分かってきた。九段商事サイドの心証もかなり悪化してきたように見えるため、急遽、社内で経験豊富な神戸卓巳をヘッドとする問題対応のためのチームが編成された。

神戸が状況を詳細に調べると、技術的な問題というよりは、そもそも顧客が買い物を進める際の動線が整理・調整しきれていないことがはっきりしてきた。九段商事からの細かい注文がさみだれ式に追加されてきて、一覧にまとめた明確な資料も残っていない。これでは的確なスケジュール管理はとうてい望めないと言えた。

神戸は、先方の要件の再確認とドキュメント化などを行い、作業のリスケジュールを行った。当初の計画より稼働がかなり遅れざるを得ないが、何とか8月には公開できるよう計画を立て直した。九段商事の三好部長も了解してくれた。

プロジェクトが再スタートしてしばらくして、サブリーダーの日高が慌てた様子で神戸のところへ来て言った。

「昨日、三好部長に呼び出されたんですけど、三好部長はトップページのデモ画面について怒っています。トップページ上で一覧できる商品カテゴリーの細かさが話と違うということで。この話は先日の神戸さんの再整理の際に、デザインのやり直しになるので時間もかかり、リンクも複雑になるという理由で押し返したはずなのですが、三好部長はそんなことは聞いていないと言うばかり。どうしたらいいでしょうか」

どうやら九段商事側は、サイトの要件が固まっていないのにそれを問題だと自覚しておらず、気付いた時に言い出せば変更できると思い込んでいたらしい。ギリギリまで良いものを作ろうという善意からだろうし、サイト構築の技術面に詳しくない、顧客の素朴なニーズと考えれば無下に断るわけにもいかない。九段商事はビジネス上の付き合いとしてぜひ今後とも大切にしたいところだが、一方で、この調子でやり直しが何度も発生しては、完成時期が遅れ、コストもかかるばかりである。

神戸は、九段商事が有名なワンマン社長の経営であること、また、その社長が「うちのビジネスは急成長のチャンスだし、シルバー向け衣料品専門のネット販売など前例がない。他に先がけて業界が驚くようなECサイトを導入したい」という趣旨のことを発言しているのを思い出した。

神戸は日高に、こうした時こそ顧客満足を最大化することが必要で、そのためにはどうしたらよいと思うか、と質問してみた。

「じゃあ、やはりコスト増大になろうとも、なるべく先方のリクエストに応えろ、ということですか」
日高が答える。
「いや、おそらく三好さんは、きっと社長からかなりきついプレッシャーを受けているのではないかな。ちょっとした改善意見が社内から出てくると、社長はすぐその気になって三好さんに強く指示する、といった感じなのかもしれない。こういう時の顧客満足とは、どうあるべきだろうか」
「そうか、三好部長も社長の代理人として板挟みになっている面があるのかもしれませんね。とすると、三好部長から社長へと説明しやすい環境をこちらが整えてあげることが重要か。たとえば、あまり技術の細部に立ち入らず、分かりやすさ重視の説明資料を作って、三好部長自身が社長をはじめ社内に、追加要求はこれだけ工数増大になり、ひいてはスケジュールの遅れやコスト増大につながるのだということをプレゼンできるようにすることですね」
「まずは、その方向だろうな。いや、待てよ。そもそも、スケジュールについてはそんなに急ぐ必要があるんだっけ。もちろん、なるべく早くというのも一つの考えだが、リアル店舗でさえ類似の企業が現状ほぼなく、ECサイトは同社にとって追加的なチャネルだという状況を考えれば、少々時間をかけても良いものを作るという方向性もありうるのではないかな。シナリオ1は、従来どおりの要件で8月にできるというもの。シナリオ2は、できるだけハイレベルなものを目指して今回の要望も含めてじっくり要件を洗い出し、それがいつできるか、費用がどのくらいかかるかを示したもの、シナリオ3は……という風に、いくつかの選択肢と挙げて、相手に選んでもらおう」
日高は、神戸の言葉に大きくうなずいた。神戸は、さらに尋ねた。
「それはそうと、どうして三好部長はこんなにも後だしでいろいろ注文をつけてくるんだろう。何か心当たりはないかな」
「それは……、あまり思い当たらないですね。むしろ、何度も『これでもう要望はないか』『途中で要件を変えられると困る』ということは伝えているのですが」
「最初に受注したときはどう？『何でもご用命ください』みたいなこと言ったりした？」
「いえ、そういう言い方は……、でも思い出しました。一度、最初のころに先方の指示の中で間違っていた箇所があったのです。すぐに三好部長が気がついて訂正の連絡が入り、こちらも『これはきっと間違いだな』と事前に気付いていたので、簡単に直せたんです。今思えば、あの時の三好部長、『間に合ったのか。ありがとう』と、えらく喜んでいたな」

1 アンカリングとフレーミング

認知バイアスとは、ここでは交渉の状況について当事者から見える世界が実は偏っていること、純粋に客観的に判断できないようすを言います。

ここでは、代表的な認知バイアスとして「アンカリング」と「フレーミング」を紹介し、その対応方針についても解説します。

アンカリング

第1章の交渉の構造を解説したところで、交渉者が最初に提示する言い値のことをアンカーといい、また言い値を提示することをアンカリングというと述べました。ここでは、もう少し広い意味で、交渉者が状況を認識するときのよりどころとなる情報をアンカー、そしてそれを提供することをアンカリングと捉えて解説していくこととします。

では、交渉者が状況を認識するときのアンカーは、どのようにして決まるのでしょうか。

その重要な要因になるものとして、以下のものがあります。

- 認識されやすい情報によるもの
- 単純化によるもの
- 過去の状態によるもの
- 最初に提示されたもの

＜認識されやすい情報＞

自分が経験したこと、日頃からなじみのあること、多くの人が知っていることなどが、アンカーになりやすいと知られています。

たとえば、交渉チームの初顔合わせで、相手のうちの一人が自分と同郷だったり、同じ学校の出身者だったり、また、多く

図表3-2 主なアンカー

① 認識されやすい情報

日頃からなじみのある情報、知名度の高い情報。
何気なく目に入って印象に残るという場合もあり

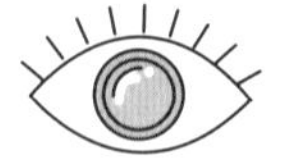

② 単純化による

数字を丸める、ひとことで言いあらわす、など

③ 過去の状態による

「これまでどうだったか」「過去何があったか」

④ 最初の提示

純粋な時系列でみた「最初」でなくても、順序として先に感じられればアンカーになりうる

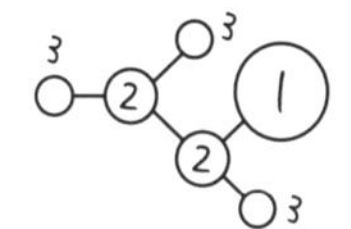

の人が自分と年齢が離れているところで一人目立って自分と近い年頃の人物がいたりすると、その人物の印象が比較的強く残り、さらには以後の交渉でその人の発言だけが特に印象を残すといった具合です。

他にも、その人の先入観に合致する情報、また広く世の中に知れ渡っている情報、ある特定分野では常識となっている情報などはアンカーになりやすいと言えます。

また、ある分野で優秀と見なされている人や有名な人に付随する情報は、情報それ自体の妥当性とは別にポジティブな印象を残しやすいことが知られています。これは「後光効果（Halo Effect)」とも呼ばれます。

「認識されやすいかどうか」は多分に主観に属することなので、一概に「これは認識されやすく、これは認識されにくい」と基準を当てはめることは困難です。誰かが言った何気ない一言や、その日たまたま目を通した朝刊に載っていた一見どうということのない統計数値等も、その情報を受けた人にとってタイミングがうまくはまって印象に残れば、それがアンカーとなり、意思決定に影響を及ぼす場合があります。

＜単純化によるアンカー＞

人が物事を考える際に、状況を単純化・簡素化して認識したいという強い欲求が働くことがしばしばあります。このため、いわゆる社会通念や慣習的に行われてきたやり方などがアンカーを作る根拠になりやすくなります。

典型的なものは、数値について交渉する際の「キリの良い値」です。たとえば土産物店での値切り交渉で、一つ3,800円の品物を「三つ買うから10,000円に負けて」と要求するような具合です。また、「足して2で割る」という考え方もよくあります。企業合併で一見対等に見える場合、株式の合併比率こそ厳格な資産査定等により細かい数値で決まることが一般化していますが、たとえばポストの配分などは「ざっくり五分五分」「交互にたすき掛け」が交渉の出発点となる例は依然として多いことでしょう。

＜過去の状態によるアンカー＞

合理的に考えれば関係がないはずなのに、自分がこれまで過去に経験してきた状態に引きずられて判断に偏りが生じることは、しばしばあります。投資目的の株式や不動産を売却しようとする場面では、「買った時の価格」が強いアンカーとなりがちです。本来は、将来値上がりしそうかどうかに絞って判断すればよいのですが、買った時よりも価格が下がっている状態ならば特に、「せめて買った時の価格まで戻ってから売ろう」といった余計な意識が働いてしまうのです（これは117ページの埋没費用も関係しています）。

また、現在と直接つながっていない、遠い過去の記憶もアンカーになりえます。いわゆる「成功体験」や「失敗体験」がそれで、過去に強い成功や失敗の経験があるとき、目の前の状況はそれと必ずしも同じではなくても、同じ状況のようにみなして成功した行動を再び取ったり、失敗した行動を避けようとしたりしてしまうのです。

＜最初の提示＞

ここまで述べてきたような事情がなくても、単純に時系列で見て初めに入って来た情報がアンカーになるということもあります。

たとえば、「トルコの人口は3千万人より多いでしょうか、少ないでしょうか」と質問したとします。「分からない」と答えた人に重ねて「では、何人だと推測しますか」と聞くと、聞かれた方はつい3千万人の前後で答えてしまいます。今度は別の人たちに、前置きの部分で3千万人のところを「1億人より多いでしょうか、少ないでしょうか」とした後で、「では何人だと推測しますか」と聞くと、「3千万人」を前置きにして聞いたときよりも回答が大きめに出る傾向があるそうです（ちなみに、トルコの実際の人口は2014年現在で約7,770万人です)。つまり、質問者が前置きに出した数値に、回答者の推測は引きずられてしまうのです。

厳密には時系列でなくても、順序として先と感じられるものであればアンカリングは成り立ちます。たとえば、店頭の値札で「3,000円」が二重線で消されて下に赤字で「1,500円」と書いてある場合と、「1,800円」が消されて「1,500円」と書いてある場合を比較してみると、売っている物は同じであっても、前者の方が「お得感」が大きいという具合です。

ストーリーの三好部長の場合、サイトの要件について締め切りの感覚がなく機動的な変更が容易に可能だというアンカリングが働いているせいか、要件定義をしても後で話を蒸し返す要望が来るという状況になってしまっています。

このアンカリングは、どうやら初期に軽微な修正要求をしたときに、意外に簡単にその要求が叶えられたことに端を発するようです。上の分類で言えば、「(自分にとって喜ばしい経験なので) 認識しやすい」「最初の提示」に当てはまると言えるでしょう。こちらが意図して「要件の修正はできます」と情報を与えたわけでなくても、相手が自分に都合よく解釈し、相手の認識の中に残ってしまうことがあるのです。

このように交渉では、特にその初期において、当事者が認識したことが後々まで尾を引く強いメッセージとなりえます。しかも、意図して相手に伝えたメッセージだけでなく、伝えるつもりのなかったちょっとした仕草や表情、一言でさえも、アンカーとなる可能性があるので注意が必要です。

枠付け（フレーミング）

同じものを見ても、捉え方によって違うものに見えてしまうということもしばしばあります。よく引き合いに出されるたとえ話は、靴のセールスマン二人がある国に市場調査に向かい、一人は「この国の住民はほとんど靴を履いていないので、この国には靴の需要はないでしょう」と報告したのに対し、もう一人は「この国の住民はほとんど靴を履いていないので、この国には未開拓の大きな市場があります」と報告したというものです。

観察した事実は同じでも、見る人の見方によって受け取り方には大きな違いがありうるのです。

こうしたものの見方・捉え方を、ある枠組みでものを見ているという意味から「枠付け（フレーミング）」といいます。

私たちが合理的な意思決定をしようとするとき、不合理な枠

図表3-3 フレーミング

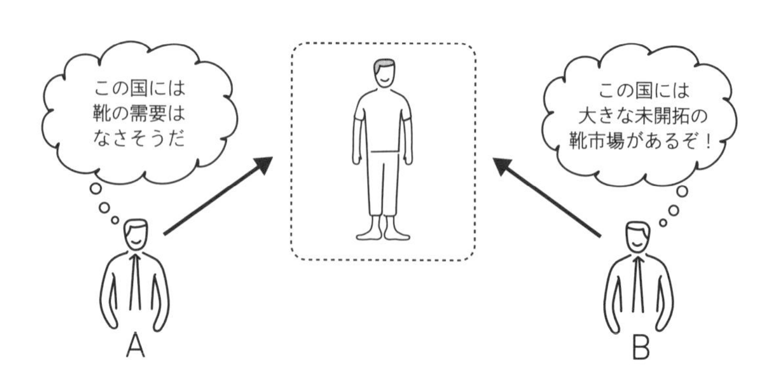

付けを排除しようとするのは当然です。しかし、好むと好まざるとにかかわらず、さまざまな枠付けの中でものを見、意思決定をしているという面もあります。

たとえば、あなたは普段からファミリー用の自動車に乗っているとします。同僚との何気ない会話の中で、近年は事故の際の証拠などのために映像を記録するドライブレコーダーが普及してきていることを聞きました。少し興味を持って近所のカー用品店で調べてみると、取り付け工賃込みで2万5,000円とのこと。ここまでの情報で、あなたは「まあ、そこまで必要性の高いものでもないし……、2万円超なら要らないかな」と感じたとしましょう。

では、今度は250万円で新車を買ったとします。いろいろなディーラーを巡っていくつかの候補を比べた結果、最も気に入った車に決めました。価格についても交渉して、いくらか値引きしてもらいました。いよいよ契約というときに、ディーラーの営業マンが勧めてきたとします。「最近話題のドライブレコーダー、オプションで付けませんか。今なら取り付け込みで2万5,000円です」

おそらく前者の場合と比べて後者の場合だと、つい買ってしまう可能性が高まるのではないでしょうか。

これは、ドライブレコーダーのもたらす効用について2万5,000円の金額を払うかという意味においては全く同じことであり、合理的に考えれば、この二つの問いには同じ答えが返ってくるはずです。

しかし、ただ単に「2万5,000円の買い物をする」と捉えるのと、250万円のものに追加機能を付けて252万5,000円の買い物をする」と捉えるのとでは、感じ方が異なってきます。金額の絶対値ではなく、全体に対する比率で「枠付け」られているからだと言えるでしょう。似たような例は、家を買う時のカーテンや照明器具等にも見ることができます。

こうした枠付けは、古来、商売の中でしばしば利用されています。前述のパターン以外にも、次のようなものが挙げられます。

●たくさんの付属品がつくと、その分値段も上がるという枠付け
「この商品に、この付属品、このおまけもおつけして、なんと全部で9,800円でご提供！」といって割安感を強調（ちなみに、わざと端数を出すのは「切りのよい数値に少し足りない端数は、値引き分だ」という枠付けを利用）

●絶対値を小さく見せる枠付け
「この車は、分割払いすれば月々の負担はこれだけ。携帯電話の通信料くらいの値段で買えるのです」

●正規ルートで売られていないものは割安だという枠付け
少し傷がついていたり、流行から外れてしまったり、何らかの理由で正規の販売チャネルから外れてしまったものを敢えて売る場合、通常、価値は正規品からわずかに落ちる程度であっても相応の割引価格で売られます。その割安感をアピールして顧客の財布のヒモを緩ませるケースです。アウトレットショッ

プで格安で売るために作られたブランド品や、はじめから「割れせん」として作られるせんべいなどが該当します。

一般論としては、こうした種類の枠付けに関しては、消費者側からみれば冷静で合理的な態度が望まれると言えますが、一方で、売り手側としては、公正に価値を価格に反映しているのであれば（たとえば、「割れせん」の広告の中でいかにも本来のせんべいと比べて安そうなアピールをしつつ実は価格は全く変わらない、といったことがなければ）、れっきとした商売上の工夫の一つと捉えることもできます。

枠付けの転換（リフレーミング）

枠付けは、いったん形成されたら全く変わらないというわけではありません。そこで、意図的に枠付けを変えることで事態の打開を図ることができます。これを「枠付けの転換（リフレーミング）」と呼びます。

たとえば、ある会社で「営業計画」とは常に、相当がんばってどうにか達成できるギリギリの水準を本部が割り当て、各部門は必死にそれを達成していくもの、もしできなければ大きなペナルティもあるという存在でした。会社の成長期はそれが活力の源泉の一つともなっていましたが、やがて市場環境の変化などにより目標未達が頻出すると、ペナルティの大きさで士気が低下したり、期初の目標設定を少しでも部門に有利にするような駆け引きに時間と労力が割かれたりという事態を招きました。そこで、「営業計画」の位置づけを実現濃厚だと部門が申告した値を基にするように変え、それを超えたらボーナスが出るという形にしたそうです。会社の成長ステージにもよるので、これが常に経営の最善手かという点は置くとして、社内における枠付けを大きく転換した例であると言えるでしょう。

2　交渉における認知バイアスへの対処

アンカリングへの対処

アンカリングの効果は強いため、いったん自分の意識がアンカリングされてしまったら、そこから自由になるのはなかなか難しいものです。

そこでせめてもの対抗策としては、交渉において（特に交渉の初期に）何らかの数字が示されたら、それがアンカーになりうるということを自覚するということが挙げられます。

行動経済学者のダニエル・カーネマンは、著書『ファスト&スロー』の中でアンカリングの効果が生じるのは、「システム1」と呼ばれる自動的に高速で働く思考のためだとしています。合理的な判断をするには、「システム2」と呼ばれる比較的時間をかけて働く知的活動に割り当てられる思考が働くようにし、システム1の効果を打ち消す必要があるのです。カーネマンは同書の中で、アンカリングに対応する交渉術として、

- 相手が途方もない値段を吹っ掛けてきたと感じたら、大げさに文句を言い、憤然と席を立つか、そうする素振りをすること
- アンカーに対抗する論拠を見つけるために、注意を集中し、記憶を探索すること

●一般的な防衛策として、意図的にアンカーと反対方向のことを考えること

を紹介しています。

交渉におけるリフレーミング

交渉においても、枠付けの違いにより難航した場合、相手の枠付けを意識して変える、すなわち「枠付けの転換（リフレーミング）」を試すことが交渉を成功させる重要な要素となりえます。そこで、まず相手がどのような枠付けで状況を認識しているのかを知る必要があります。

たとえば、不動産デベロッパーが地主との土地買収交渉で価格面が折り合わず難航しているとします。こちらは「今後自己所有のままの場合の利用価値と、今売却して得られる金額との比較」という枠組みで、さまざまなシミュレーションや取引事例など、説得力がある（と自分では思っている）数値をいくら示してもらちが明かない。こんなときは、地主の心中の枠付けを探る必要があるということです。仮に妥協しない理由が「過去の高かった地価との比較」という枠付けにあるとすれば、それをいかに自分側の枠付け、あるいは「今後予想される地価との比較」といった別の枠付けに変えられるかどうかが重要なカギとなるでしょう。

自分の枠付けと相手の枠付けが異なる場合、自分にとってはあまりに当たり前なので、相手が自分の枠付けを理解しないのがいけないのだという認識に陥りがちです。しかし、これはたいへん危険と言えます。特に、枠付けが、社会常識や文化に根

差しているときなどはなおさらです。

先の土地買収交渉の事例では、相手の枠付けを変える方向を示しましたが、これも常にそうすべきとは限りません。相手の枠付けに沿う形で、こちらの説得手法を変えるという方向も当然ありえます。たとえば、地主が売らない理由が、「亡くなった父親が売却をどう思うか心配だから」だったとすれば、価格の駆け引きよりも「この土地が立派に活用されたり、売ったお金でご子息が幸せに暮らされる方が、お父様もお喜びになるのではないですか」という言い方をする方が得策かもしれません。

このように相手が持っている真の枠付けを知り、それを変えた方がいいのか、それを尊重して自分の攻め方を変えた方がいいのか判断するためには、相手の言動を注意深く観察し、根気強くコミュニケーションを図るのが王道です。「交渉において最も重要なスキルは『忍耐強さ』である」と言われるのも、一つにはこうした事情が寄与しているのでしょう。

とはいえ、相手の認識を変えるというのはなかなか難しく、コミュニケーションだけでは上手くいかないことも多いものです。相手の枠付けに交渉相手である自分も織り込まれていると、その自分が何を言っても、相手にはその枠付けの中で解釈されてしまうからです。

こう考えると、相手の認識を変えさせるには、相手の枠付けが形成された時点には無かった事象を持ち出すことが効果的だと言えます。典型的な例は、「新たに持ち出された客観的事実」や「新たな登場人物」です。

お互いに自分のものだと思い込んでいる者同士で土地の所有権を争い、膠着状態になっている場合を想像してみましょう。「説得」で収束するかというと、相手の発言や提案を低く評価してしまう「反射的価値下げ」（114ページ）も相まって、こちらが何を言っても疑いの目で割り引かれてしまい、難しい状況だとします。こんなときでも、「現在の境界ができた経緯を示す資料」が新たに見つかるとか、「その経緯をよく知る第三者」が現れるかすれば、この交渉は急速に妥結に向かうことでしょう。

このような論点の根幹にかかわる対立とまでいかなくても、ちょっとした認識の相違で交渉がこじれてしまっているような場合、相手の枠付けが形成された状況をいったん断ち切る手法は、日常的に行われています。

よくあるのは「人」を替えることです。接客を事業とするある企業では、店舗にて顧客からクレームがついた場合、速やかに当事者の店員に代わって店舗責任者が出て応対するようにしているといいます。自分側の「人」を替えるだけでなく、相手側の「人」を替えることも選択肢に入ります。相手が代理交渉をしているのであれば、本人に直接働きかけたり、相手が交渉上の「本人」ならば、相手の周囲で代理人役となりうる誰かを通して伝えたりといった具合です。

このほか、「日時」を変えたり「場所」を変えたりするだけでも、相手の枠付けが切り替わる可能性は期待できます。

ストーリーの場合、九段商事サイドには「自分たちはクライアントであるから、ベターサイトはその要望に最大限応えるべきである」という枠付けがあり、ベターサイトの「開発時間は制約条件であり、要望が遅れて入ればそれだけ納期も遅れる」や「要望と工数、費用とは相関する」といった枠付けとは、かなり相容れないものだったと考えられます。初期段階でその枠付けの差をあまり明確に認識せず、特にその解消への努力も行われなかったことが、事態をこじらせかけていたと言えるでしょう。

分かりやすく誠意あるコミュニケーションによって認識ギャップを埋め、同じ枠付けの中での議論ができるように持って行くことができれば、その意義は大きいと言えます。加えて「人を替える」という意味で、当初の当事者であった日高に代わって神戸が出てきたことや、三好部長当人ではなく九段商事社長の説得に重点をおいた説明資料を提示することなどは、状況が必ず変わるとは言い切れませんが、一つの試みとして効果を期待できるでしょう。

ちなみに、枠付けの転換は、交渉相手ばかりではなく、自分側の関係者に対しても行われる場合があります。

自分の上司から、「とにかくこの条件でやってこい。嫌だと言うなら取引は切ってもいい」と指示されていても、相手との交渉の中で互いに妥協しながら第三の選択肢を取る道が見えてきたとすれば、この上司の枠付け転換を試みることが重要になるかもしれません。逆の場合もありえます。上司からは「大事なお客だから少しでも先方の喜ぶ条件を提示してつなぎ止めろ」との指示があったとしても、BATNAを考えて「決裂もやむなし」という枠組みへ上司を説得した方がいいというケースです。

3 心理的バイアス

状況は客観的に把握できていて、あとは合理的に判断を下せばAという結論に至るはずなのに、「〜したい／したくない」「こちらの方が心地よい／嫌だ」といった何らかの心理的な動機によって、別の結論、行動に至ってしまうことがしばしばあります。ここでは、そうした心理の働きのうち、交渉過程にしばしば起こりがちなものをまとめて「心理的バイアス」と呼び、解説していきます。

地方再開発計画コンペで負けた理由

鈴木太一は、気鋭の地域開発コンサルタントである。大手コンサルに6年勤めた後、リゾート開発会社でホテルや娯楽施設の運営経験を経て、新進のエス・エー・コンサルティングに加わった。エス・エー・コンサルティングは、お世辞にも有名とは言えないいくつかの国内観光地の再開発などを手がけ、客足を伸ばす実績を作って急成長していた。今回の仕事は、衰退しつつあるいわゆる地方の観光地を活性化させようという再開発のプロジェクトである。事業能力のある複数の業者から受けた提案を自治体が審査して最もよいものを選ぶというコンペ形式で、これに参加したいというのがクライアントの関西電鉄からの依頼であった。

鈴木がこれまで一緒に仕事をしてきたのは、ほとんど個人経営に近い地方の旅館やホテルであり、交通機関の会社とは初めてだった。「あまりお堅いところでなければよいが……」。内心で警戒心を抱きながら関西電鉄を訪れた。

先方の担当者である佐藤によれば、鈴木の仕事は県庁のコンペを勝ち抜き開発計画案を認めてもらい、かつ地元観光組合の事業者たちの協力を取り付けるなど実行段階まで落としこむところまでだという。鈴木に対して佐藤はこう明言した。

「うちの会社のプランニングも実績があります。私も色々なアイデアや意見を持っていますので、それはどんどん言わせてもらいます」

鈴木は、佐藤がやけにこちらに張り合ってくるので驚いたが、まずは相手の言うとおりに従うことにした。

現状調査が終わり、具体的な提案の段階となった。鈴木は諸々の調査報告の後、「温泉と海岸とが近接している長所を生かし、滞在型で高級感があるパッケージを中核として整備していく」といった方向性を提示した。

佐藤は、ややぞんざいな口調で「滞在型で高級感ねぇ。具体的には？」と聞いた。

「ここは古くからの土産物店や旅館が多く、温泉街の街並みは味わいがあります。露天風呂から入り江を見下ろす景色も、実にいいスポットが何カ所もある。海の幸は十分。釣りもできるし、船に乗って海岸を観光するのも悪くない。神社などの史跡も、知名度こそ高くないですが行ってみると興趣のあるところが散在しています。数日以上の滞在を前提に大人志向のサービスをすれば、いわゆる『奥座敷』として十分な魅力があります。そこで……」

鈴木がとうとうと語り始めるのを聞いて、佐藤は内心驚いていた。鈴木の提案は、佐藤が漠然と抱いていた方向性のイメージとほとんど同じだったのだ。しかも、鈴木の提案は具体的なところまでよく詰められていた。しかし、佐藤は思わず次のように発言してしまった。

「コンサルタントさんの描くプランはなかなか詳細で美しいですが、現実はなかなか難しいですよ」

鈴木は、自信ありげな様子で返す。

「もちろん、ある時期を境にして地域を高級化路線で染め上げようと言っているわけではありません。肝心なのは……」

「いやいや、ウチの沿線にそんな高級路線が似合いますかねえ。それに、地元の意識は相当保守的ですよ。ウチばかり音頭をとって、誰もついて来ないなんてことにもなりかねないし……」

佐藤は、鈴木に対して、必要以上にネガティブな問題点を指摘してしまう自分に気づいていた。しかし、自分が感じた危惧や懸念をつぶしていくことは、企画の完成度を高めるうえで価値があるはずだと自身を納得させ、指摘をゆるめなかった。

鈴木は佐藤の指摘を聞いて、（やけに細かいし、後ろ向きだな。あまり本質的でない、枝葉の点ばかりだ。本音のところは観光開発に積極的ではないのではないか）と感じた。2回目の打合せでは、そんな佐藤の態度を改めさせようと、指摘された事項には対応策を講じるだけでなく、想定問答もしっかりと準備して臨んだ。おかげで佐藤からの指摘は全て打ち返すことができたが、佐藤の斜に構えた態度は改まらないどころか、かえって悪くなったような気がした。

案の定、次の打合せに向けて、前回以上に瑣末な懸念事項が列挙された佐藤からのメールが届いた。この調子では、あまり建設的な議論ができそうにない。一方で、クライアントの意思に逆らっても仕方がない。割り切って言うとおりにしておこう。鈴木はあきらめにも似た思いを抱いた。

＊＊＊＊

結局、できあがった提案は最初の鈴木の案から相当修正された無難なものになってしまい、コンペの結果は、やはり不採用であった。鈴木にとってこの結果は想定の範囲内だったが、コンペを勝ち抜いた、地元老舗旅館の「磯神屋」が東京の中堅戦略コンサルを入れて作成した案を見て驚いた。その案は、最初に鈴木が提案したコンセプトほとんどそのままのものだったのである。しかも、中身を詳細に見れば、鈴木の案のほうが良い部分もいくつもあった。

どうしてこうなってしまったのか、鈴木は悔しさを噛みしめるのだった。

1　勝とうとするバイアス

非両立バイアス

双方にとって価値創造ができる交渉状況にもかかわらず、ついゼロサム式の価値分配型交渉だと思い込んでしまう傾向が人間にはあるようです。

こうした、本来ゼロサムではないゲームをゼロサムであると思い込む傾向は、「非両立バイアス」「パイは一定の幻想」「Win - Lose の幻想」「総量固定の迷信」等といわれます。つまり、人間には相手と対峙したときに、その相手との間で「どちらかが勝てばどちらかが負け」となる勝負だと捉えてしまうのです。こうした傾向は、交渉の現場でもさまざまな形であらわれてきます。

この「非両立バイアス」は、交渉をゼロサム状況と見なしてしまうという面を見れば「認知にバイアスがかかっている」とも解釈できますが、後述のようにその背景には「目の前の相手に勝ちたい／負けたくない」という心理があると考えられることから、「心理的バイアス」として解説していきます。

こうした「勝ちたい気持ち」「負けたくない気持ち」は、単に価値創造の可能性の芽を摘むだけでなく、当初の交渉目的や設定した目標値を離れて、相手を負かす（相手よりも有利な形

図表3-4 非両立バイアス

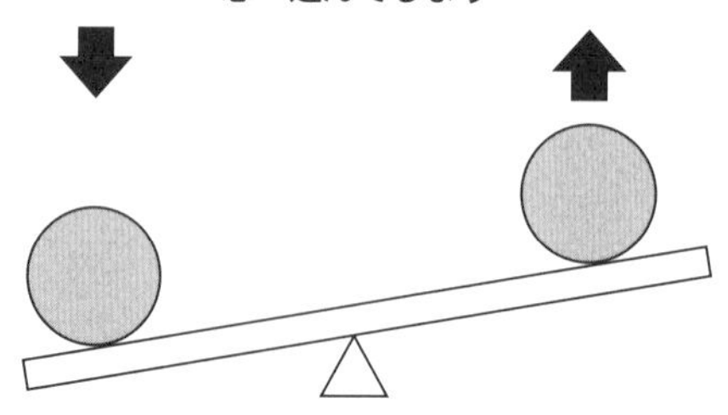

で決着する）ことに過度にこだわってしまう、いわば「勝つことの目的化」にもつながる危険があります。そうなると、互いの間に敵対的な感情が残ったり、ストーリーの鈴木と佐藤のように、かえってお互いにとって損失となる状況に陥ったりしてしまいます。

反射的価値下げ

一般に議論や会話で、相手の発言や提案に対して反射的に低く評価し、またそれを表明してしまうことを、「反射的価値下げ（reactive devaluation）」と呼びます。その心理的メカニズムについては、さまざまな説明があります。相手に言い負かされるのは気分がよくないし、相手が自分より優れた発言をしている、自分は相手から教えを乞わなければならない立場であると認めるのは決して心安らかなことではない。また、相手がわざわざ提案してくるということは、相手にとってこそ有利であって自分には不利なものに違いない……。いずれにしても、客観的な評価かどうかにかかわらず、反射的に判断してしまうのが特徴です。「反射的価値下げ」に関する論文を著したリー・ロス教授は、これを克服する対策として、「提案内容と自分の価値との関係を互いに説明しあう」「譲歩可能な事項のメニューを示して相手に選ばせる」といったやり方を示しています。

NIH（Not Invented Here）症候群

「NIH（Not Invented Here）症候群」とは、一般に、ある組織において、何かよいアイデア、発明、製品、サービスを知ったにもかかわらず、それが別の組織で先に考案されたものだ（あるいは、別の組織で既に実行されている）ということだけを理由に、採用したがらないことを指します。ストーリーの佐藤の場合は、まさにこのパターンにはまってしまっていると言えるでしょう。

自前で研究所を持つ企業が、別の企業の開発した新技術について「自社の研究所では特に注目していないから」と軽視しているうちに、その技術に市場を席巻されてしまうといった弊害が起こる恐れがあります。これに対して、たとえばP&Gは2000年に新しいCEOラフリー氏の下でR&D戦略「コネクト・アンド・デベロップ」を打ち出しました。これは、社外の知的財産や技術を自社のそれと「つなげて」「開発しよう」というオープンなモデルで、それまで「NIH症候群」でメーカーにありがちな自前主義に偏ったために、製品開発の停滞、新商品のヒット率の低迷に苦しんでいた状況の打開を図ったものと評価されています（ただし、近年では自社の開発力を削いだとの批判もあります）。

もっとも、「NIH症候群」は不合理なバイアスではあるものの、必ずしも「直すべきもの、解消すべきもの」とばかり捉えるのは適切と言えません。人を動かすためのモチベーション管理という面から見れば、こうしたバイアスのために、他人から言われるよりも自分で思い至ったという実感がある方がやる気が増すということも考えられます。「NIH症候群」があることは受け入れた上で、相手に対してはあたかも当人が考えついたかのような持ち掛け方を心がけるのが、ストーリーの鈴木のような助言者・提案者の立場としては得策と言えるでしょう。

2 自分を飾るバイアス

立場固定

ここでは「立場固定」を、自分がそれまで行動、思考してきた態度、意見にとらわれてしまうといった意味で使用していきます。

「立場固定」の厄介なところは、最初に取った行動方針が環境等の変化によって合理性を失っているにもかかわらず、十分に吟味せずそのままの方針を踏襲してしまう点にあります。はじめの決断をなんとか正当化しようとして、本来選ぶべきではない選択肢を選んでしまい、その結果、深みにはまりこんでしまうのです。これは個人としてもそうですが、組織としてもバイアスがかかりがちです。

典型的な例として公共事業が挙げられます。たとえば、農業政策が大きな転換を迎えたのに、農地の開発だけは数十年前に立てられた計画にのっとって行われているというように、いったん決まった公共事業は、時代の変遷によりその必要性が下がっても、簡単にはやめられないケースが見られます。もちろんこの背景には、法律などの諸規制があるとか、複雑に絡み合う利権構造が出来上がってしまっているといった事情も当然あるでしょう。とはいえ意思決定に関係する人々の間に「一度決めたことなのだから、これで行くしかない」「変えたくない」「変える必要性を認めたくない」という心理が働いていることも無視できないでしょう。

同様の構図は、企業が過去の成功体験を基準に行動を固定化し、環境が変化してもその行動を取り続けたがゆえに失敗するという例にも通じるものがあります。

埋没費用（サンクコスト）

「立場固定」と似た構図のバイアスとして、「埋没費用（サンクコスト）」を意思決定に絡めてしまうことが挙げられます。

埋没費用とは、過去に投下した資金や労力のうち、今後どのような意思決定をしても戻ってこない部分のことを指します。たとえば、ある企業の株式を100万円で購入したとします。その後、時が流れこの株式を売却しようか、それとも保有し続けようかと迷っているとして、売却しようと保有し続けようと、購入したときの100万円という金額が変動するわけではありません。

合理的な意思決定を目指すならば、この企業の株価がこれから上昇しそうか下落しそうかという点に絞って、売却か保有かを検討すればよいことになります。しかし、往々にして、過去

図表3-5 埋没費用（サンクコスト）

下のように考えれば、「すぐ売却」の方が得なのだが、すでに投資した額（サンクコスト）が大きいと、同じ状況でも「継続保有」したくなる

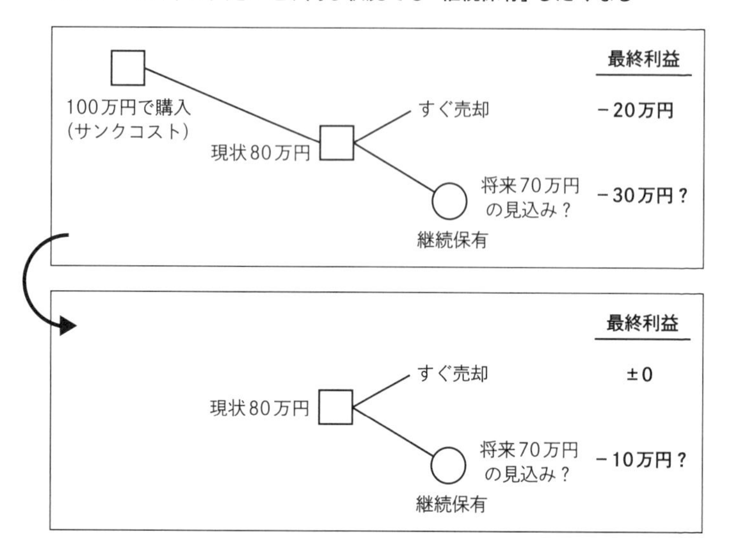

の100万円との比較が判断材料に混じってしまいます。現在の価値が仮に80万円だとすると、100万円と比べて20万円の損になってしまうので、同社の株価がさらに下落しそうな情勢でも売るに売れないといった具合です。

このように、人は「本来、意思決定に無関係なはずの過去のコスト」に、選択行動を左右されてしまいがちなのです。

上の例は金銭的なものでしたが、投下した労力も埋没費用となり得ます。たとえば以下のような例はどうでしょう。

ある情報システム会社の営業担当者が、新規受注を獲得しようと見込み先の担当部長を何度も訪問し、ヒアリングしたりプレゼンしたりを繰り返した結果、ようやく最終提案の機会を掴むまでこぎつけました。苦労して最終提案用の資料作成にも励み提案の日も近付いているとします。そこへ、先方の社内事情に大きな変化があり、案件決裁のキーパーソンはそれまでの部長ではなく、別の担当役員になったという情報が入ってきました。この情報は確実だとして、この営業担当者は、それまでの担当部長向けの内容を踏襲した提案をしてよいでしょうか、それとも新たにキーパーソンとして登場した担当役員を想定して提案内容を見直すべきでしょうか。

合理的な答えは、後者です。結果として担当役員に対しても大筋それまでの提案内容を流用してOKということになるかもしれませんが、少なくともいったんは、新任の役員の希望、関心事などを想定してゼロベースから提案内容やその見せ方を見直す必要があるでしょう。しかし、それまでにかけた手間や労力などを考えると、ついついそこまではしたくないという発想に傾きがちなものです。

これも埋没費用にとらわれている状況と言えます。こうしたケースで更に注意しないといけないのは、埋没費用にとらわれていることを隠したくて、「新しい担当役員は、これまでの部長とおおよそ考え方は似ているはずだ」というように不確かな推測で正当化を図ってしまうことです。

確証バイアス

人には、自分の意思決定を裏付ける証拠に関しては熱心に支持し、そうでないものは慎重に吟味する傾向があるという研究もあります。これを「確証バイアス」と言います。同じ事実を見せられても、見る人が持っているもともとの意見によって、認知、解釈の仕方が違ってくるのです。

たとえば、ある会社の買収提案が舞い込んできたとします。これに対して社内では、積極的なAと消極的なBを代表とする2派に立場が分かれたため、日程を定めてじっくり議論で決めようということになり、二人は新聞記事や業界レポート、インタビューなど判断材料となる情報の収集に励みました。このとき、二人が全く同じ記事を読み、同じ人の話を聞いたとしても、各々の立場の正当性をさらに強く確信するだけになりがちだということです。

そして、この二人による討論が行われ、客観的に見れば優劣つけがたく活発な議論が行われたとします。それを傍聴していた他の社員の反応は、もともとAを支持していた者は「Aさんの勝ちだ」、Bを支持していた者は「Bさんが終始圧倒した」というように、元の支持を一層強化するものになりがちなのです。彼らは知らず知らずのうちに、自分の持論を裏付ける情報は受け入れ、相容れない情報は無視ないし軽視してしまうからです。

ストーリーで、佐藤が鈴木の提案を聞いていくうちに問題点の指摘ばかりになってしまうのも、こうしたバイアスが働いている可能性があります。高級路線自体はもともとの佐藤の持論でもあるものの、鈴木の提案に何か意見を言いたいという意思が勝ってしまい、それに都合のいい情報が目に入ってしまうというわけです。

印象管理

人には、行動の方針をあちこち変える朝令暮改の存在ではなく、一貫した態度を示す存在として見られたいという傾向もあります。これは、心理学では「一貫性の心理」などと呼ばれます。

交渉の場面に置き換えると、交渉者は周囲から首尾一貫した人物であると見られるために、あらかじめ決めたストーリーに固執したがる傾向があるということになります。

他にも、印象管理の動機としては、いったん決めた方針を変更すると、最初の意思決定の誤り（実際は誤りではなかったとしても、変えることで誤りに「見えてしまう」恐れも含みます）に対して責任を追及されるのではないかという恐怖や、メンツがつぶれるのを避けたい、方針変更の説明を求められるのは面倒だといった感覚もあるでしょう。

たとえば、ある組織で次期リーダー候補と目される若手が数人いる状況だったとします。現在のリーダーがその中で最も見込みがありそうなCを抜擢して少し困難なプロジェクトを任せてみたところ、彼は彼なりにベストを尽くして取り組みましたが、仕事の成果は可もなく不可もなしという程度のものでした。その後ほどなくして組織改編の時が来て、いよいよそのリーダー候補群の中から実際に誰か一人を新たなリーダー的ポジションに選抜することになりました。さて、どういう基準で誰を選ぶべきでしょうか。

本来なら、新たに就けたいポジションが求める属性とリーダー候補たちそれぞれの特徴とを照らし合わせて、最善の選択がなされるべきでしょう。Cに任せたプロジェクトは、仮にそれがリーダーとしての適格性を見るテストの役目を兼ねていたとしても、可もなし不可もなくという成果だったとすれば、「Cはリーダー失格ではなかった」「困難な仕事の経験値が他のリーダー候補たちよりも増えた」という程度の意味しか持っていません。他の候補者に任せていたらどうだったかは、これだけでは未検証です。

ところが実態としては、再びCを選んでしまいがちではないでしょうか。選ぶ側として、いざ別人を抜擢したときの混乱を避けたいという心理や、「目立った失敗はしていないのだから、今度もCでいいだろう」などの正当化が働きがちだからです。もともと最初の抜擢時にCが図抜けた存在だったならばまだしも、他候補者との差はわずかなものだったとすればこの選択は危険だと言えます。

企業活動全般に話を広げても、たとえば「海外進出」「多角化」「不動産投資」など、それぞれの初期の意思決定時においては一定の合理性を持っていたものが自己目的化し、あるいは何となく変えづらい慣性が働いてしまうことがあります。その後の状況変化にもかかわらず見直しをしなかったり、本来別の問題としてゼロベースから判断すべきなのに漫然と前例を踏襲したりして、適切なところで再考していればなかったであろう大きな損害を生じさせてしまうケースは思い当たることでしょう。

交渉においても、初期段階で立てた戦略が環境の変化で見直しを迫られたり、別の局面に移って再考の必要が生じたりということはしばしばあります。そんなとき、最初に取った自分の立場に縛られて、これと同じ種類の「降りられない」状況に陥らないよう、柔軟な姿勢が必要です。

授かり効果と損失回避

「授かり効果」とは、自分が所有していると考えているものは、そうでない場合と比べて、同じものでも価値が高く感じるという現象です。たとえば、ある品物に対して、自分が買うと

図表3-6 授かり効果

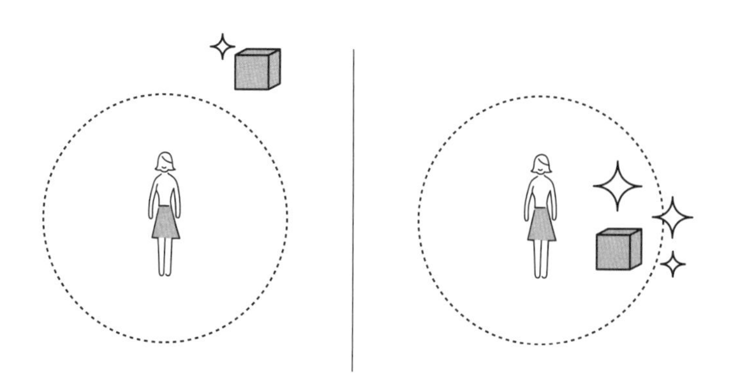

したらいくらで買うかという質問をされたときに答える価格と、自分が今それを持っていて他人に売るとしたらいくらで売るかという質問をされたときに答える価格とでは、品物は同じで、しかも単に仮想の条件を変えただけだというのに、後者の方が高くなるというのです。

また「損失回避」とは、得をする可能性よりも損を回避する可能性の方をより重視するという心理を指します。

これを交渉の際の心理に当てはめてみると、交渉に臨む人にとって、それまでよりも損（不利）になるような提案は、客観的にみてやむを得ないものであっても受け入れにくい、あるいは受け入れたときに不満が生じやすいということになります。

90ページからのECサイト制作のストーリーにおいても、九段商事の三好部長は、当初、自分の要求通りに要件変更ができたという点をアンカーとして持っているとすれば、「授かり効果」や「損失回避」の傾向も手伝って、変更要求が通らないという「譲歩」は、ベターサイト側が思っている以上に「痛い」ことになります。この点を軽視して、「この程度の譲歩を強いるのはお互いさま。何をそんなに怒っているのか」と言わんばかりの態度を取っていると、その態度がさらに相手の怒りを招き、話がこじれる危険がありますので注意が必要です。

3　心理的バイアスに対応する

ここまで「勝とうとするバイアス」など交渉につきもののバイアスを紹介してきましたが、それでは実際の交渉現場では、これらにどのような対応をしていけばよいでしょうか。

そもそも、バイアスから完全に逃れることは不可能に近いことです。それだけ人間の心理の動きは、合理的判断に根強く影響を与えます。とすれば、対応の方向性としては、まずは自分がバイアスにとらわれる可能性があることを自覚すること、そしてその「バイアスのかかった状態」から少しでも認識を切り替える仕掛けを作ることの2点が重要と言えるでしょう。前者は、ここまで紹介したバイアスが合理的意思決定に影響を及ぼすメカニズムを知っておくことです。後者については、以下に説明していきます。

自らが深みにはまらないようにするための仕掛けを作っておく

第一に、たとえば「勝とうとするバイアス」などに引きずられないために、「潮時」を知り、「負けてよい」と合理的に判断するための仕掛けを見ていきましょう。すなわち留保価値を適切に設定し、そこに達したら交渉から離脱すると決めておくということです。

たとえば、株や為替の売買において、トレーダーは強制的な「損切りライン」を設定し、手持ちの商品が値下がりしてその価格に達したら強制的に決済されるような取引手法を用いることがあります。アンカリングや損失回避などのために、どうしても「損切り」は難しく意思決定を先延ばししがちになりますので、それを回避するために、具体的な価格を予め定め、迷うことなく強制的な取引執行を行う仕組みを作るのです。

交渉においても、こういう状態になればもはや交渉自体を先に進めない、その状態になったらそれまでの誤った意思決定に未練をもつことなく、撤退するという点を決めておくことは有用でしょう。実はこれが、第1章で解説した留保価値に当たります。

第二に、第三者的なチェックのシステムを作るのも大きな効果があります。

自分の意思決定について、経験のある第三者や専門家の助言を受けることはよくあることです。宝石の購入についての鑑定士の評価、中古車についての整備士の評価、住居に対する建築士の検査などです。これらと同様に、交渉においても「勝とうとして」不合理な意思決定をしようとしないか、不合理なアンカーや枠付けに影響されていないか、信頼して相談できる第三者を持っておくのです。

第三に、予め「見直しの手順」を決めておくという手もあります。

たとえば、ある企業が買収防衛策を設けるときに、一定期間のうちに株主総会などでその防衛策の存続を見直すという「サンセット条項」も併せて盛り込むことがあります。これがなくて、現経営陣が防衛されている状況があまり長く続いてしまうと、現経営陣には敢えて元に戻そうというインセンティブが働かないので、かえって株主に不利な状況が温存されてしまう恐れがあるからです。

また、組織として「勇気ある過去の否定」を奨励・賞賛したり、事業の新陳代謝を活発にする仕組みを戦略的に作ることもあります。たとえば、「過去X年間に発売した新商品で総売上のY％以上を占める」といった経営目標を重視するとします。

これは一義的には新規開発の奨励ですが、その結果として「古くて相対的に価値の低くなったものの廃棄」を促す仕掛けにもなっています。

バイアスと上手く付き合う

ここまでは、「いかに自己の認識をバイアスの悪影響から守るか」という視点で書きましたが、バイアスは常にマイナスをもたらすとは限りません。自分においても他者においてもバイアスの存在は認めたうえで、なるべくプラスになるように上手く付き合っていくという発想もありえます。

たとえば、「先手を取る」ことの重要性は留意しておくべきでしょう。何らかの論点が浮上してきたときに、周囲の関係当事者に先がけて自分が動き意思を表明すると、この先手の動きが、周囲の人々へのアンカーとなり、枠付けを形成します。そして、仮にこの動きがいったん周囲に受け入れられれば、立場固定の働きにより他者からの巻き返しは難しくなり、そのまま自分に有利な形で決着となる可能性が高まるというわけです。

もちろん、相手にとってその論点が切実な利害関係のあるものならば、たとえ最初にアンカーを打ち込んでも、相手もそれにとらわれまいと懸命に応酬してくるでしょうし、また、あまり露骨に自分本位な動きを最初に見せると、かえって相手の「勝とうとするバイアス」を刺激してしまい過剰な競争に陥ることもあります。

つまり、「先手を取る」ことは万能の必勝法というわけではありませんが、当事者間でさほど切実な利害対立を生まないような論点で、我田引水がそれほど目立たない程度であれば、大きな効果をもたらすことでしょう。

また、既に39ページで述べたことの再確認にもなりますが、目標値を高く持つことが挙げられます。高い目標値を最初に掲げることで、自分の「立場固定」「印象管理」のバイアスを上手く交渉へのモチベーションとして転化することもできるのです。

第3章　まとめ

- ✓ 交渉の行方に影響を与える障害として、情報の非対称性の他に、認知バイアス、心理的バイアスがある。
- ✓ アンカリングやフレーミングなど、相手が交渉前、交渉中に情報に触れるときのちょっとしたあやで、認知や解釈が方向づけられることがしばしばある。
- ✓ 対応策としては、別のフレームによって元のフレームを相対化する、バイアスの存在を自覚して断ち切る仕掛けを作る、などがある。
- ✓ 「勝とうとするバイアス」など、心理的な要因からくるバイアスによって、合理的な交渉ができなくなることがしばしばある。
- ✓ 対応策としては、バイアスの存在を自覚したうえで、予め深みにはまらない仕掛けを作っておく、バイアスを活用する方法を考える、などがある。

第4章

交渉のプロセスの実際

社内新規プロジェクトに人を出せ!?
—チームリーダーの苦悩と解決

稲葉真奈美は、情報サイト運営を主業務とするイノベール社の営業チームリーダーである。ある日、仕事を終えて帰宅しようとしていたところを開発チームリーダーの萩尾から呼び止められた。

「稲葉さん、ちょっと急な話で悪いんだけど、少し時間いいかな」

萩尾の話はこうである。

- 社として新たなサービスを立ち上げることになり、その開発のためのプロジェクトチームを作りたい。
- メンバーを社内のさまざまな部署から集める予定だが、稲葉のチームにいる若手の中から玉木と柳川の二人を異動させたい。人事部の内諾は得ている。
- 二人の後任はすぐには補充されない予定。ただし新たに中途採用の募集を始めるのと、次年度の新卒社員の配属では考慮される。

突然の提案に稲葉はすっかり考え込んでしまい、明確な返事を出せないままその日は帰宅した。派手さはないが地道に業績を拡大してきたイノベール社の中でも、稲葉は古株の一人で、これまで会社の方針に異を唱えたことなどなかった。数年前に営業チームリーダーの一人に昇格し、今や10名弱の部下を抱え、会社のビジネス拡大に貢献してきた自負はあった。今期の営業も順調で、期初の営業目標をクリアできそうなところだ。

（いま、私のチームから二人も抜けられるのはとても痛い……）
（全社的な視点から見たら、今度の新規開発プロジェクトが重要なのは理解できるけれど……）
翌日、出社してみると営業部門のチームリーダーの一人、小峰からメールが届いていた。
「今回のプロジェクトチームの募集、強引だと思わないか？　ウチのグループにも、若手を二人出せと言ってきた。営業は今とても重要な時期で、こんなタイミングで二人も取られてはたまったものじゃない。とにかく一旦は拒否しようと思っている。チラッと聞いたけど、稲葉さんのところも同様だってね」
稲葉はこれを読んで、ためらっていた背中を押されたように感じた。
（そうだ、社の方針として決まったことなら仕方ないと思っていたけど、嫌なら嫌と声を上げていいんだ）
翌日、稲葉は萩尾に、二人の異動は無しにできないかと返事をした。当然、萩尾も引き下がるものではない。
「どうしても、営業経験のある人が必要なんですよ」
「そうは言っても、こちらも困ります。二人に抜けられては、今期の目標は到底達成できません。営業経験者は他にもいるじゃないですか。中途で社外から採用するという手もあるでしょうし」
「少しでも早くチームを立ち上げないといけないので、中途採用では時間的に間に合いません。それに営業経験のある社員ならば誰でもというわけにはいきません。玉木さん、柳川さんの力量があればこそと見込んで声をお掛けしたのです」

「……」

話は平行線をたどるばかりである。その後も断続的にメールのやり取りをしたが、稲葉の意見は通りそうにない。

人事部にも相談してみたが、「開発プロジェクトは全社的な取り組みだから、最終的にどうしても折り合いがつかなければ人事部が仲裁に入る。しかし、具体的に誰をいつから配属するかといった点については、原則としてプロジェクトリーダーの萩尾さんに任せているので、できる限りお互いの話し合いで解決して欲しい」と言われてしまった。

稲葉の上司にあたる営業部門統括リーダーの宮島は、稲葉の意向を理解はしてくれたものの、積極的に萩尾に働きかけるほどではなかった。はっきりとは言わないが、むしろ「あまり突っ張らずに、適当なところで萩尾に従って欲しい」とばかりの態度であった。他人事のような姿勢につい腹が立ち、少し感情的に「部門リーダーなんですから、宮島さんももっと主張してくださいよ」と言ってしまった。すると宮島は、「社として決まったことなのに、何を言うことがあるんだ？　担当者が二人抜けることで期初の営業目標を達成できなくても、それは織り込み済みだ。稲葉さん個人の評価も、気にしなくてよいから」となだめるような口調で言う。稲葉が自力で物事を解決できない不満を、宮島にぶつけたような格好となってしまった。

（評価が気になるのは事実だが、私がそこにばかりこだわっているように見られるのも不本意だな。ああ、何のためにもめているのか分からなくなってきた。評価に影響しないのなら、さっさとイエスと言ってしまおうか）

そんな気持ちも芽生え始めたころ、席の傍を通りがけに小峰が小声で話しかけて来た。

「プロジェクトメンバーの件だけどさ、ウチのところは流出を一人に抑えることに成功したよ」

「えっ、交渉次第で変わる余地があるということですか」

「うーん、一概にそう言えるか分からないけど、最初は二人とも出せないと言ったんだ。それはさすがに向こうもダメで、せめて一人ならと粘っていたらそれでOKだって」

「私のときはそうは行かなかったのに」

「はじめにガツンと怒ってみたのが効いたのかも。怒りたくなるくらい困っているのは確かなんだしね」

「それで、一人減らした分は萩尾さんはどうするつもりなんでしょう」

「別の部署から呼ぶみたいなことを言っていたけどな」

こんな話を聞くと、やはりもう少し自分の主張を通してもいいのではないかと思えてくるのだった。今期の目標が未達でも「評価に影響しない」と宮島は言うが、ここでチーム成績が冴えずに営業部門内でのポジションが弱くなると、長い目で見れば自分の評価は相対的に悪くなるような気がした。それはチームリーダーの自分だけでなく、チームメンバー全体に波及するかもしれない。自分のチームだけが戦力ダウンをやすやすと受け入れてしまうのは、いかにも「お人好し」過ぎるように思えて、なかなか決断ができなかった。

考えあぐねた稲葉は、同社のベテランである技術部門の須永に相談してみることにした。なるべく今の自分と利害関係のない立場にある人の意見を聞いてみたかったのだ。ひととおり事情を聴くと、須永はこう言った。

「それで、結局その新規プロジェクトのメンバー候補は、全体でどんな陣容になっているの？」

「えーと……、特に萩尾さんは何とも言ってなかったですね」

「秘密なの？」

「いえ、そういうわけでは。こちらが特に聞き出していなかったんです」

「プロジェクトメンバー全体で営業経験者が何人必要なのか、をまず知りたいよね。そのうえで、稲葉チーム、小峰チームといった区別なしに、営業部門全体の中で誰を異動させるのが最適なのか、そのうえで異動するメンバーの穴をどう埋めるべきかと考えるべきなんじゃないの」

「私や小峰さんが、個々に萩尾さんと交渉しているから話がこじれるということですか。でも、最初に声を掛けて来たのは萩尾さんの方ですよ。それに、そういうことなら人事とか企画みたいな中立の部署が仕切ればいいじゃないですか」

「まあ、確かにそれはそうかもしれないが、その点を盾に取ってこのまま粘っていても、あまり生産的ではないんじゃないかな。新しいプロジェクトに非協力的だと見られるのも嫌だろう」

「それは心外です。私だって、イノベールの成長に貢献したいという気持ちは同じです」

「だとすれば、むしろこれから議論する相手は宮島さんじゃないかな。新規プロジェクトに送る営業担当は誰がふさわしくて、その後の体制はどうあるのが望ましいのか、リーダー陣で考えるべきだと思うよ」

「なるほど！　ついつい話の成り行きに引っ張られてしまっていましたが、落ち着いて俯瞰的に考えてみれば、もっと早い段階からそうすべきでしたね。アドバイスありがとうございます」

本章では、具体的に交渉を進めていく流れについて見ていきましょう。

交渉の準備から実行に至る、以下の4つのステップに沿って紹介していきます（図表4-1）。

1　状況を客観的に捉える——そこにいる人たちは誰で、そこで起こっていることは何か
2　相手の視点で考える——相手は何が見えていて、何を欲しているか
3　自分のミッションを明確化する——自分はどうしたいのか、何を実現したいのか
4　交渉を進め、決着に導く——相手との間で何ができるか

図表4-1 4ステップアプローチ

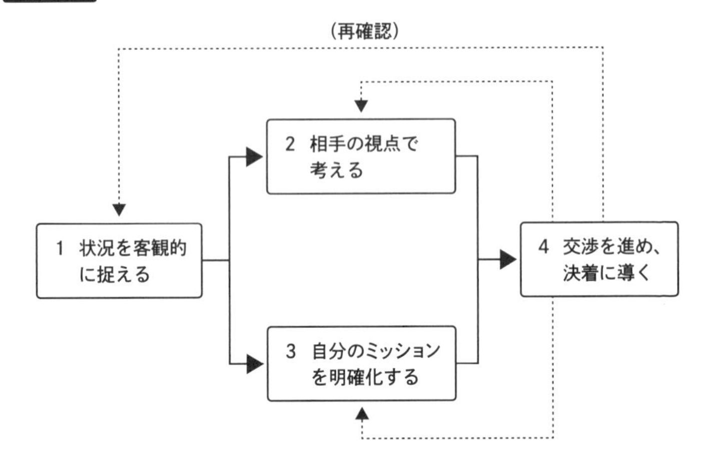

出典:『グロービスMBAマネジメント・ブック改訂3版』(グロービス経営大学院 編著、ダイヤモンド社)

1 状況を客観的に捉える

1 交渉の目的と前提条件の確認

交渉するそもそもの目的を押さえる

第一のステップは、特に第1章で解説したように、交渉をめぐる状況を客観的に把握することです。

交渉を客観的に把握する概念としては、第1章でBATNAや留保価値などを紹介しました。これらは既に「論点はこれだ」

と設定された場合に考えるべきポイントです。しかし、現実にはその前段階として、交渉当事者の間でさまざまな利害関心がある中で、何が論点になるのかを整理することが必要になる場合も多くあります。たとえば、オフィスビルの賃貸契約交渉において、価格、契約期間、メンテナンスといった論点の「候補」が数々あるとき、交渉の余地がない点、もしくは交渉しても大した意味のない点と、交渉する価値がある点とを切り分けることがその典型です。

多くの場合交渉は、相手と意見・見解が相違する点で発生するため、論点の設定も相手の出方次第になりやすいと言えます。しかし、相手の出方によってただ受動的に論点設定するばかりでは、目的に対して瑣末なところにこだわってしまう危険もあるので注意が必要です。

何か行動を起こされてそれに反応する受動的な論点設定だけではなく、「そもそも何のためにこの交渉を行うのか」「交渉した結果としてどんな姿を目指すのか」という点から出発して、能動的に論点を整理して行くこともポイントになってきます。

実際の交渉では、相手に対して自分の立場を守りたいという心理が働くなど、意外にこうしたアプローチをとりにくいものです。冒頭ストーリーの稲葉の場合も、萩尾から提案された当初は迷いつつも協力的な方向に傾きかけていましたが、営業グループ内で同じ立場にいる小峰が敵対的に交渉すると聞いて、それに流されてしまいます。最後は須永のアドバイスによって気付きますが、本来であれば自ら大局的な視点に立って交渉を整理していくべきだったと言えるでしょう。

前提条件が環境に合っているかを確認する

ビジネスでは、環境は刻一刻、激しく変化しているものです。交渉の初めの時点では適切だった論点設定が時間が経過し環境が変化したときにも果たして適切なのか、という視点からのチェックは必要です。

典型的な例としては、アプリケーションソフトの開発におけるコンテンツ制作者とベンダーとの間の交渉で、どの規格で商品化するか、どのプラットフォームで流通させるか等を考えるケースが挙げられます。交渉の最初は携帯電話での使用がメインと想定されていたのに、タブレット型端末が優勢になると、それまで意見が対立していた論点が無意味になったり、逆に当初想像もしていなかった点が論点になったりといったことが起こります。

この例は、環境変化が起きたことが明らかなケースですが、「顧客の志向が変わった」「世間の空気が変わった」というように、変化が発生したかどうか、もっと漠然として具体化しにくいケースもあります。この種の変化は、漠然としているからといって無視してよいものでもありません。交渉者の時代感覚が問われる場面と言えます。

このほか、たとえば価格交渉においてそれまで参照値として用いていた取引事例や、意思決定の際の基準として用いた法令・規則・判例の類が更新されていないかどうかも、時間の経過に合わせて適宜チェックが必要になります。

2　関係者の整理

利害関係者を洗い出す

交渉の状況を客観的に把握するというとき、重要でありながら難しいのが、交渉に影響を及ぼす人物、特に直接当事者以外の関係者の把握です。そこで、ここでくわしく解説していきます。

ビジネスにおける交渉では通常、直接の交渉者に加えて、表面上は交渉の場に登場しなくても、その交渉者に直接、間接の影響力を持っている人物がいるでしょう。そうした人物を含めて交渉に何らかの関係を持つ者を総体的に、交渉における利害関係者（ステークホルダー）と呼びます。

利害関係者は上司や部下といった組織内の人間だけでなく、利害関係を有するのであれば組織外の人間・集団も含まれます。典型的には、ある消費財の納入についてメーカーと小売店との間で交渉をする場合、その小売店の顧客となりうる一般消費者も利害関係者と見なすことができます。冒頭ストーリーの場合では、一見すると利害関係者は稲葉と萩尾、加えてせいぜい同じく部下を取られる形の小峰と、上司の宮島くらいに思えるかもしれませんが、本来であれば萩尾がプロジェクトメンバー候補と考えている社員全員の所属元上司が利害関係者と言えるでしょう。もし稲葉の意見が通って二人の異動が無しになれば、玉突き的に萩尾は次の候補者を探さざるを得ないのは明らかだからです。

利害関係者は、たとえ交渉の場で発言しなくても、あるいは交渉の場にいなくても、その交渉に何らかの影響を与える可能性があります。交渉者は、できるだけ客観的に、そうした利害関係者の存在と立場を認識しておく必要があるのです。

当事者以外の関係者についてもマッピングする

多様な利害関係者の存在と彼らの間の力関係を整理する手法として、マッピングをしてみることをおすすめします。

マッピングする際には「考えられる登場人物は全部書く」、つまり交渉を取り巻くさまざまな利害関係者たちを可能な限り書き込むようにしましょう。書き込むにあたっては、簡潔にそれぞれの立場を書き添えてもよいし、固有名詞だけでもかまいません。大切なのは「視野に入っている」ことです。

もちろん、慣れた交渉者であれば、特に紙に落とさなくても頭の中で構造化できる場合もあります。また、紙に書き出す時間的余裕がない場合も実際にはあるでしょう。ただ慣れないうちは、マップとして視覚化することは有効です。特に関係者が多く、立場や思惑などが錯綜している場合や、自分自身が交渉のなかで冷静でいられなくなる可能性の高い場合などでは、参照できるマップを持つ価値は一層高まります。

マッピングには、こうしたいわば一覧・備忘の意味があることに加え、もう一つ重要な効用があります。それは、「交渉相手なら」や「自分の上司だったら」というように、他者の視点で状況を眺めることが容易になる点です。

次節でも述べますが、相手の目線でものを見ることは、交渉において極めて重要です。同時に、自分の置かれた構造を客観

図表4-2 マッピングの例

事例）ある法人顧客への業務用ソフトウェアの販売

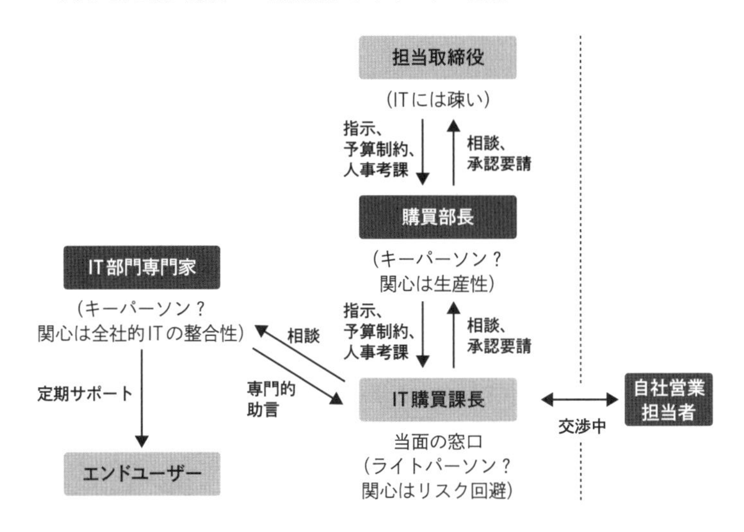

出典：『グロービスMBAクリティカル・シンキング　コミュニケーション編』（グロービス経営大学院　著、ダイヤモンド社）

的な目で見直してみることも大変重要です。マッピングは、そのためのツールとして非常に有効なのです。

キーパーソン、ライトパーソン

組織対組織で交渉を行うというとき、当たり前でありながら比較的見落とされがちなことの一つに、「交渉者として適切な人（ライトパーソン）は誰か」という問題があります。

相手の組織を動かすことのできる人（キーパーソン）が誰

か、つまり誰が意思決定者かを意識しておくことが大切なのは言うまでもありません。そして、キーパーソンが特定できたとしても、その本人に直接働きかけることが最も得策であるとは限りません。「将を射んと欲すればまず馬を射よ」というように、相手組織内の誰か別の人に当たった方が得策という状況も十分ありえます。したがって、相手の中で誰に対して交渉すべきかは、キーパーソンは誰かということとは別に考えるべきです。

一方で、相手に対して、自分の組織から誰を立てるかという点も重要です。交渉能力だけでなく、相手との性格的な相性や、経験・地位等の釣り合いといった要素も考慮する必要があるでしょう。自分以外の誰かが交渉に立った方が適切だと判断できるのならば、そのように仕向けるのも組織人のあり方と言えます。章頭のストーリーの場合でも、もしも萩尾のセリフにあるように「営業経験のある人が必要」なのであれば、営業部門のチームリーダーが個々に萩尾と交渉をするよりは、部門全体のリーダーである宮島が代表して交渉し、異動に伴う営業チームごとの目標の見直しや戦力の調整などは、営業部門内で話し合うようにした方が良かったでしょう。

このように、成り行きで交渉当事者になった人が、必ずしもベストとは限らないのです。交渉を構造的に捉えることを通じて、最大の価値を提供できる可能性がある人は誰かを見極めていくことが重要です。

説明責任と結果責任

関係者を把握する際には、「誰が誰に説明責任（アカウンタビリティ）を負うのか」も見極めるべき重要なポイントです。ビジネス上の交渉では、交渉当事者が、交渉の経緯や結果について、なぜその結果に至ったか、どんな交渉手段をとったのか等も含めて、第三者に対して説明・報告しなくてはならないケースが多いものです。ほとんどの場合は上司に対してですが、広く利害関係者全体に説明責任を負う場合もあります。このように交渉者は、交渉における自分の言動を自身の利害関係者に対してどのように説明するのかについて、極めて強い関心を持っているのです。

これは見方を変えれば、交渉当事者は「利害関係者から説明責任を求められる」という圧力を常に感じていることになります。これは当然、当事者の交渉態度に強く影響を与えます。たとえば、合意自体に慎重になり妥協が難しくなる、メンツにこだわる、要求水準が高くなるといった形です。交渉当事者にとって、交渉結果の損得よりも利害関係者への説明可能性のほうが重大な関心事であることも決してまれではありません。

組織同士の交渉の場合、その相手が誰に説明責任を負うのかが、公式の組織図が示すものと異なることも往々にしてありえます。たとえば、肩書は無任所の一役員が「実力者」として実質的な決裁権限を持っていたり、大企業同士の合併後に組織が融合しておらず、「旧A社案件」「旧B社案件」などと呼ばれて組織形態とは別の承認ルートがしばらくの間併存していたりといったケースです。組織に所属する人と交渉する場合は、相手の心にある「隠された」説明責任の対象を洞察することもたいへん有益です。

2　相手と自分、それぞれの視点で考える

次のステップは、直接の交渉当事者である「相手」と「自分」について、第1章で見てきた交渉に関するさまざまな変数を見極めていきます。まずは「相手」について触れますが、ここではいかに相手の視点で考えられるかがポイントです。

1　相手の視点で考える

「相手の視点」とは

相手の視点で考えると言うとき考えるべきポイントは、既に第1章、第2章でも一部触れてきていますが、以下の諸点です。

- 相手の関係者（特に、意思決定に重要な役割を果たす者の存在と相手との関係）
- 相手にとっての利害関心
  - —どんな利害関心があるか
  - —それらの間での重み付けはどうか
- 各論点のBATNAや留保価値、目標値等
- 感情
  - —相手は今どんな感情の状態か
  - —何を喜び、好むか／恐れ、嫌うか
- 規範
  - —重視している／していない価値は何か

これらを観察や直接・間接の取材によって洗い出していきます。中でも、価値創造型交渉を行うために、なるべく複数の利害関心を認識し、その間の重み付けの違いを探ることを意識しましょう。

ここで重要なのは、交渉の一方の当事者である自分にとっての捉え方とはいったん切り離して、あくまでも相手の視点から見てどうかを追求することです。章頭のストーリーにおいても、稲葉から見れば部下の異動によって自分のチームの営業力にどんな影響が出るかが重大な利害・関心事ですが、萩尾はそこへの関心はほとんどありません。萩尾から見れば、新規プロジェクトを進めるのに最も貢献度が高そうなメンバーの組み合わせはどうか、という点が最大の関心事でしょう。今回対象となった玉木や柳川の必要性がどの程度かによって、交渉の仕方が大きく変わってきます。

なお、客観的に見てどうかという視点と、相手の視点ではどう見えているかは、必ずしも一致しません。ここでは、あくまで後者、すなわち相手の視点ではどう見えるかを想定していきます。この想定がきめ細かくできていると、交渉の中で相手が何と言ってくるか、こちらの提案に対してどう反応するかといった点について、予測も精度が上がることでしょう。根拠のない当てずっぽうや自分の感覚の延長上で考えるのではなく、相手を取り巻く事実関係を押さえた上で、「相手の利害関心、感情、規範に基づけばどう考えるだろうか？」と推定していくのがポイントです。

相手の感情を見極める

相手が今どういう状況かを見極めるとき、感情の状態は重要な要素です。「あの人は今何だかとても機嫌が悪そうだから、難しい話を持ち込むのはやめておこう」とか、逆に「何だかとても機嫌がよさそうなので、こちらが少し欲張りなお願いをしても、気前よくOKしてくれそうだ」などと感じることは、今までの経験でもよくあるのではないでしょうか。

もちろん、ただ大ざっぱに「機嫌がよさそう（ポジティブな感情だ）＝交渉が上手く運びそうだ」「機嫌が悪そう（ネガティブな感情だ）＝交渉が上手く運ばなそうだ」だけで片付けず、もう少しきめ細かく観察し、相手の感情を動かしているのは何なのか、把握を試みましょう。

ロジャー・フィッシャーとダニエル・シャピロの共著『新ハーバード流交渉術』（講談社）では、感情が動く原因として「五つの核心的欲求」を紹介しています。この枠組みを、相手の状況を把握し、原因を分析し、さらに事態を改善するための「テコ」として使おうというのです。

①価値理解	自分の考え方や行動などに価値があるとされているか
②つながり	敵として扱われているか、仲間として扱われているか
③自律性	意思決定をする自由が尊重されているか
④ステータス	自分の置かれた位置がふさわしいものと認められるか
⑤役割	自分の役割と活動内容に満足できるか

図表4-3 五つの核心的欲求

核心的な欲求	無視されている場合	満たされている場合
1 価値理解	自分の考え方、思い、行動に価値がないとされる	自分の考え方、思い、行動によい点があると認められる
2 つながり	敵として扱われ、距離を置かれる	仲間として扱われる
3 自律性	意思決定をする自由が侵害されている	相手が自分の意思決定の自由を尊重してくれる
4 ステータス	自分の置かれた位置が、他者の置かれた位置よりも劣っているような扱いを受ける	自分の置かれた位置が、それにふさわしいものとして認められる
5 役割	自分の現在の役割とその活動内容が個人的に満足できるものではない	自分の現在の役割とその活動内容を、満足できるものに定義している

出典:『新ハーバード流交渉術　感情をポジティブに活用する』(ロジャー・フィッシャー＆ダニエル・シャピロ著、印南一路訳　講談社)

これら五つの核心的欲求は、互いに完全に区別できるものではありませんが、混然となって感情の動きに表れていて、この五つの欲求が「満たされていない」と認識されたときに、大きく感情が動きます。

「満たされている」かどうかの基準としては、

―公平か(自分の扱いが、似たような状況にある自分に近い者と、同様だと感じられるか)

―正直か(自分に伝えられていることが真実だと信じられるか)

―現在の状況に合っているか(杓子定規な規範次第ではない“今この状況”に沿ったものになっているか)

の三つの基準があるとしています。

このような感情を分析する枠組みの意義は、ネガティブに振れている相手の感情をなだめる際に、どんな対応を取ったらよいか仮説を立てるよりどころにあります。

相手の規範を把握する

意思決定に影響を与える要素には、感情の他に、「こういう場合はこうすべきだ」という価値観、規範意識もあります。したがって、相手がどんな規範を持っているのかも、相手の視点で考える際の重要な要素です。ところが、相手がよりどころとしている規範が法律や判例のように客観的で明白な場合はむしろまれで、交渉のプロセスやコミュニケーションを通じて、相手の規範が何であるかを模索していくことが多いものです。

実際問題として、自分の規範に基づいて主張をしても、相手が信じる規範と合わなければ関係を悪化させる危険が伴います。そのうえ、相手の規範を推測すると言っても、たとえば「相手は50代の男性だから、こういう考え方をするだろう」というように、単に目についた属性だけから推測しても、必ずしもその推測が当たるとは限りません。あくまでも目の前の相手をよく観察して、「この人にとって受け入れられる規範は何か」という視点で考える必要があります。

相手の規範を把握する一つの方法として、交渉の過程で相手の発言や表情などから読み取ることが挙げられます。直接的なのは、(感情的にならないような配慮のうえで)「○○すべきだとおっしゃるのですか」などと問いかけてみて、その反応から

図表4-4 相手の規範を把握する

① 交渉者のそれまでの言動

○○のとき、「△△」と言っていた
会社のHPやブログ、SNSで「△△」と書いている
等

② 交渉者の属性

年齢、社風、卒業校の校風、専攻などから、
おおまかな傾向を推測する

③ その他の行動観察

執務スペースの壁に貼ってあるもの
雑談の中での表情、反応
机の上に並べてあるもの
等

読み取る方法です。これが可能であれば話は早いですが、この方法だけに頼るのも難しいでしょう。現実にこの種の質問ができる展開になるとは限りませんし、質問して初めて分かるのでは、交渉が始まらないと交渉戦略を立てられないということになり、交渉の準備が制限されてしまいます。そこで必要になってくるのが、「相手の規範について仮説を立てる」という作業です。

仮説を立てる材料としては、以下のものが考えられます。

①交渉者のそれまでの言動

個人の規範意識や価値観は、もちろんある程度の個人差はあるものの、一貫性を持つものです。「あのときは、これこれの規範のもとに行動（発言）していた」という情報は、相手の規

範を推測するための基本情報となります。交渉を円滑に進めるのに長期的な人間関係構築が有効なのも、一つにはこの「規範を推測させる言動」の情報が蓄積するからと言えます。

昨今は、ソーシャルネットワーキングサービスの普及などにより、著名人や地位の高い人など公的な情報発信をしない人でも、人となりを伝える情報を集めやすくなっています。

②交渉者の属性

後述のコラムにあるとおり、交渉者の属性から「こういう考え方をする人だろう」という推測をすることも可能です。たとえば「財閥系大企業の企画セクションで10年間勤務の後、最近営業部に異動。○○大学では△△部に所属か。そうすると、……」などと推測をすることはよくある話でしょう。ただし、ラフな当たりをつけるにはある程度有効ですが、決めつけは危険であり、限界をわきまえて使う必要があります。

③その他の行動観察

これは交渉前の準備だけでなく交渉中にも大いに関わってきますが、個人が持つ規範意識は日常のちょっとした行動にも反映されると考えると、交渉者を観察することから見えてくるものもあります。

たとえば、執務スペースの壁に貼ってあるものや、机の上に並べてあるものを見て、趣味や性格を推測したりといった具合です。観察できる材料が少ないときは、交渉事とは直接関係のない話題を振ってみて、それに対する反応から性格や価値観を推測するという手もあります。食事や雑談を交渉相手とともにする効用は、この辺りにもあると言えるでしょう。

規範と属性

明文化されていない文化的な行動規範としては、一般的には道徳・倫理観、常識といったものが挙げられます。文化的な規範の典型例には、いわゆる「国民性」が挙げられます。

たとえば、アメリカでは、国民一人一人が意見を持ち、機会があればそれを積極的に表明することによって、社会を作り上げていくべきという社会規範が定着していると言われます。映画『12人の怒れる男』では、陪審制の下の陪審員という設定で、ごく普通の市民である登場人物たちが個人の信条に基づき自己主張をたたかわせますが、アメリカではそうした姿が個人のあるべき姿として認知されている様子がうかがえます。

一方、日本にも日本なりに、紛争解決のための社会規範があると考えられます。一例として、作家の井沢元彦は著書「逆説の日本史」シリーズの中で、落語「三方一両損」を日本的な規範意識のあらわれとしています。「三方一両損」とは、左官屋が街で3両の金を拾う。落とし主の大工は「既に落としたのだから自分のものではない」と主張して受け取らない。届け出た左官屋も意地になって受け取らない。両者譲らず訴えとなった。そこへ現れた名奉行大岡越前守は、自分から1両出し合計四両として両者に2両ずつ受け取らせる。「大工も左官屋も素直に3両受け取ればよかったところ、2両になって1両の損。私もここへ1両出して1両の損。これで三方とも1両損だ」という裁きで対立は円くおさまるという筋書きです。拾った物は誰のものかで争いになったとして、裁定をする立場の者（大岡越前守）が一部を負担して痛み分けとすべきなどという規範は、成文上にも慣習上にもありません。にもかかわらず、この「大岡裁き」は見事な解決の例だと見なされてきました。そこに、既存の成文規範の適用よりも臨機応変、融通無碍な当事者同士の納得を重視する、という日本的規範意識が表れているというのが井沢の説です。

国による文化的規範はどのようなもので、それがどの程度個人の意思決定に影響するかについては、さまざまな解釈が可能であり、統一的な正解はありません。しかし、国ごとに特徴的な何らかの規範が存在し、多くの人がその規範にしたがって意思決定する一方、それを共有しない人から見れば意外に感じるというのは、しばしば起こり得ます。背景にある文化が違うと思われる人と交渉を進める際には、相手がどんな規範を持っているのか洞察することが不可欠でしょう。

これは国ごとの違いに限らず、属する業界などによって依拠する規範が異なるというケースもあります。いわゆる商慣習は、業界ごとに内容が大きく異なるケースも少なくなく、かつ成文化されていないことも多いので、自分が経験していない業界で交渉する際には注意が必要です。

「国による規範の違い」「業界による規範の違い」以外にも、さまざまな「属性による規範の違い」を想定することができます。たとえば、

- 「男性」「女性」
- 年齢（世代）（「昭和一ケタ世代」「戦中派」「団塊の世代」「新人類」「団塊ジュニア世代」……）
- 「文系」「理系」
- 「体育会系」「文化部系」
- 県民性

- 会社の社風
- 出身学校

等々です。

これらの中には、単なる偏見にすぎないと疑問符のつくものもあります。確かに、たとえば、「性別」に基づいて無造作に「彼は男性（彼女は女性）だから、これこれの意識を持っているだろう」と決めつけることは慎むべきと言えます。

とはいえ、属性による規範意識を、ある時期に日常的な行動を共にしていた集団において、そこで通用していた規範が所属する個人の中にも染みついた結果だと捉えるならば、属性による規範意識の差を全く否定してしまうのも現実的ではないでしょう。

属性から個人の持つ規範を推定することは、過度にこだわることは避けるべきですが、ある程度の参考情報としては使えると言えます。

2　自分のミッションを明確化する

前項で述べた「相手の視点で考えること」と並行して、自分の視点についても考えていきます。すなわち、自分を取り巻く環境を考慮したうえで、自分はこの交渉をどう把握しているのか、交渉を通じて何を実現すべきなのか、そのミッションを明確化していくのです。

「自分を客観視する」とは

146ページで、相手のことを考えるとき見るべきポイントとして紹介した項目を、自分について考えるときも見ていきます。
自分では冷静に利害を計算しているつもりでいながら、実は相手との関係で捨て切れない感情的こだわりを持っているかもしれません。あるいは、過去に所属していた狭い集団内での独特な規範に基づいて判断していたにすぎないという可能性もあります。
交渉をしていく過程で、相手の言動や状況の変化によって自分の判断は移り変わっていきます。そのとき、自分が何に基づいて判断しているのか、冷静になって客観視できるように整理しておくことがポイントです。

特に、相手の視点で見るときの注意点の繰り返しになりますが、価値創造型交渉のためには複数の利害関心が重要ですので、交渉の論点として直接持ち出せるかどうかは別として、自分がどんな利害関心を抱いているのか、なるべく多様な観点から洗い出しておきたいものです。そして、それぞれについてBATNAや留保価値、目標値等を詰めていきます。交渉の中で提案が出てきたとき、どのように評価して諾否を決めるのか。金銭的なものか、それとも心理的なものか。あるいは短期的な利益を優先するか、長期的な利益か。評価する軸は一つとは限りません。複数の軸があれば、その軸の中での重み付けも考えておきます。
また、関係者との関係の強さも確認しておきましょう。自分での判断に迷ったとき、関係者のうち誰の意見を優先するかといった判断に関わってくるからです。

自分を客観視する効果

BATNAや留保価値をはじめとして、自分が交渉に臨むミッションを明解に認識しておくことは、交渉の中で複数出てきた選択肢から最善のものを選ぶという場面に役立つばかりではありません。以下のような意味合いにおいても、大いに役立ちます。

①状況変化の際の指針となり、軽率な判断ミスを防ぐ

交渉の流れの中では、新しい提案をされたり、前提としていた条件が変わったりして、事前に計画したシナリオ、特にBATNAや留保価値が動く場合もしばしばあります。そんなときは決着をあせらず、新しい局面を冷静に吟味する必要があります。

その際に、前節で述べた項目、特に案を検討する判断軸を明確に意識しておくことは、複雑な状況下で軽率な判断ミスを防ぐために大きな効果があります。

②視野を広げ、考え漏れを防ぐ

また、なるべく客観的に交渉の構造を把握することによって、選択肢の考え漏れが少なくなるという効果も期待できます。主観的でひとりよがりな想定だけでは、いきおい視野が狭くなりがちです。交渉の中では、相手の出方や状況変化に柔軟に対応しつつ、当初は思い浮かばなかったような創造的な案を考えていく必要が出てきます。そのようなときに、視野が広く、かつ漏れのない思考が求められます。

より視座の高いミッションを意識する

自分を客観視することに加えて、自分がこの交渉で実現したい価値は突き詰めれば何のためなのか、より高い視座から自分のミッションを捉えるということも意識しておきましょう。言い換えれば、目先の成果だけでなく、より長期的・大局的な価値も考慮すべきということです。交渉とは相手との価値の違いを発見し、それを交換することで客観的に見た双方の合計価値を増やす（創造する）という営みであり、だからこそ相手と交渉をする意味があると考えられます。仮に一見ゼロサムゲームのように見える交渉であっても、長期的にみて、また広い視野でみて双方に価値をもたらす解決策を目指す姿勢で臨むことが、相手への説得力にもつながるからです。

ストーリーの稲葉の場合、目先のことのみを考えるならば、自分のチームから担当者が二人抜けることは容認できないとなりますが、全社的な視点でみれば新規開発プロジェクトへ社内資源を集中することの必要性は、初期の段階から理解できています。

3 交渉を進め、決着に導く

第1ステップで交渉の状況を客観的に把握し、第2・第3ステップで相手および自分の視点からみた情景について把握したら、いよいよ実際に交渉を進めていく第4ステップに入ります。ここでは、それまでのステップで行った情報収集とそれに基づ

図表4-5 交渉を進める際の注意点

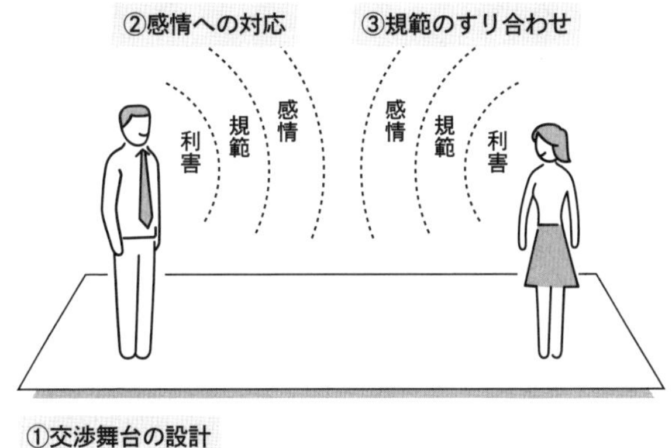

いて立てられた交渉戦略を、相手に対して実行していく、いわば戦術がポイントとなります。この際に注意すべき点を、①舞台設計、②感情の扱い、③自他の規範のすり合わせ、④価値創造が行われた後に価値分配型の場面が現れた際の対応、の各局面に分けて解説していきます。また節を改めて、一般的によく用いられる交渉戦術への対処法についても述べます。

1 交渉の舞台を設計する

ここで「交渉の舞台」とは、単に交渉を行う物理的な場所だけではなく、第1回交渉がいつで次回はいつかといった時間軸、誰が同席するか、また同席はしないものの意思決定には関与するのは誰かといった参加者なども含めた、交渉をめぐる一連の条件・環境のことを指します。

どのような時間軸、場所、条件で交渉を行うかといった舞台の設計は、交渉の内容に直接関係するものではないため、しばしば軽視されがちですが、現実には交渉の進行に大きな影響を与えます。特に、第3章で触れたアンカリング、フレーミングに及ぼす影響が強く、これに無頓着でいると交渉でハンディを背負う危険が高まります。言い換えれば、場の設定を上手く活用すれば交渉相手に対して有利に立つことも可能となるのです。

舞台設計上、考慮すべきポイント

設計の際に考えるポイントとして、①十分な準備ができるか、②冷静に思考できる環境があるか、③自由に言いたいことを言える環境かの三つが挙げられます。

①十分な準備ができるか

ここまで何度も強調してきましたが、交渉において準備は生命線です。言いかえれば、交渉に際して情報を集める時間、考える時間がないままに交渉に突入してしまうと、非常に不利なハンディを最初から背負うということを意味します。

一般に、事前には交渉のつもりでなかったり、交渉途中で準備していない論点が出てきたりという状況にもかかわらず、何気なく流れで答えてしまうというケースは意外にあるものです。慎重に答えを留保し、準備の時間を確保することが重要です。

②冷静に思考できる環境か

交渉に神経を集中できない（交渉以外に気がかりなものがあ

図表4-6　舞台設計のチェック

① 十分な準備ができるか

交渉に入るまでの時間的余裕、情報の入手可能性　等

② 冷静に思考できる環境があるか

交渉の席上における相手との力関係、時間的余裕、他の事柄で集中が妨げられる可能性　等

③ 自由に言いたいことを言える環境か

交渉の席上における列席者・傍聴者の存在、発言自体に対する制約　等

る）、あるいは信頼できる助言者が排除されるなどの状況も、交渉に大きな影響を及ぼします。

前者の例として、会社でよくあるのが、何か重要な用事を控えた直前に別の案件について相談されるといったケースです。十分な時間があれば細部まで考慮して判断できるところを、後の用事に意識が集中しているために、つい相手から言われるままに応答してしまったりします。

後者の例としては、数名のチーム同士で交渉している際に、あるとき自分一人で相手と接することとなり、それまで出てこなかった要求を突き付けられたり答えにくい質問をされたりというケースがあります。独りで交渉に臨む心理的プレッシャーは、特に事前に心の準備がない場合、なかなか無視できないも

のです。

③自由に言いたいことを言えるか

思考は冷静にできたとしても、何らかの形で発言に制約が加わる環境になってしまうこともあります。たとえば、機密を要する事項なのに傍聴者がいたり、個人の評価に関する事項なのに当事者がその場にいたりといったケースです。ストーリーの例で言えば、稲葉と萩尾が交渉しているところに、仮に異動の当事者である玉木や柳川が同席していたら、彼らの処遇について本音を言えなくなる可能性は高まるでしょう。

なお、これらの要素を利用することで相手の交渉力を弱めることは可能ですが、「言いたいことを言わせない卑劣な人間」との印象を与え、結果として相手からの信頼を損ないかねないので、あえてこちらから仕掛けを作るのはお勧めしません。

舞台設計に関する戦術の存在は常に留意しておきつつ、同時に、実際に活用するかどうかは、重要な部分でだましはないか、最終的にWin-Winになることが見込めるかどうか見極めた上で判断すべきです。

舞台設計に関してコントロール可能な変数

それでは、舞台設計には具体的にどのようなコントロール可能な変数があるのかみてみましょう。ここでは実用上の有効性から以下の五つのカテゴリーを考えてみます。

①交渉の時間軸／タイミング

②交渉の場所
③同席者
④使用言語（通訳の有無）
⑤その交渉以外のやり取り

①交渉の時間軸／タイミング

これを考える第一の目的は、考える時間を確保する、あるいは他者の助言をあおぐ時間を確保することにあります。重要な契約について一方的に説明されたうえで即決を迫られたりしたら、相手のペースに乗らずにワンクッションおいて考慮する時間を確保する工夫をしたいものです。

逆に、何も材料を出さず進展させないまま単に時間を引き延ばして、相手の関心や情熱を奪ってしまうことも考えられます。もっとも、この方法は相手がどれだけ切迫しているかといった状況を知らずに行うと、余計な怒りを買ってしまうことにもなりかねないので、あまりお勧めはできません。

②交渉の場所

場所を選ぶ目的にはいろいろありますが、気分的にリラックスできるか、交渉中に情報収集や助力を得ることが可能かといった点が主な考慮の対象です。

やや特別な例としては、ホテルの一室で行うなど、交渉当事者以外の情報が遮断される環境であることを予想させることで、内密で重要な論点であることを示す場合もあります。

また、いわゆる酒食による接待が交渉で多用される理由には、一義的には「酒食を共にすることで相手と腹を割った信頼関係を築く」という点がありますが、他方で「宴席の楽しさに気を紛らわせ、その隙に急所となる要求を通す／情報を引き出す」という意図がある可能性も無視できません。

③同席者

同席者を置くことにはいくつかの目的があります。一つは、同席者をレフェリーとして機能させ、公平さを担保することです。傍聴者を参加させたり、レコーダーなどを置いたりといったことが該当します。特に、力関係の差がある場合、相対的に力の弱い方が公平を期すために客観的な第三者の立会いを求めることは有効な手段です。

このほか、相手の心理戦術に対する緩衝役という目的もありえます。たとえば、感情を露わにして強気に押してくる人が相手で、どうも冷静な対話ができないと思われるとき、相手を怒鳴ったりさせないために第三者を同席させるといった具合です。

④使用言語（通訳の有無）

グローバル化の進む現代では、外国語を話す相手との交渉も想定されます。基本的には、重要なやり取りではなるべく通訳をつけることをお勧めします。相当その言語に堪能であっても、通訳無しではどこかしらで神経を使い、交渉そのものに集中できないからです。これは、交渉場所が相手の国という場合は、特に当てはまります。

もちろん、あらゆる場合に通訳をつけることは不可能でしょう。そうしたときは、相手の発言内容に対して、不用意に同意することは避けなくてはなりません。いちいち聞き返すのは気後れするなどの理由で不明瞭な点をやり過ごしてしまうのは、全く無為な行動と言えます。

⑤その交渉以外のやり取り

よく見られるのは、にこやかな挨拶や交渉前の雑談などを通じて、当該交渉以外の部分で「親密さ」を作り、その後の交渉を友好的に進めることです。人間は単純に接触回数が多い人に好感を抱くという性質もあるので、交渉の機会以外の時間・場所で顔を合わせる機会を多く作るのも一つの手と言えます。

もう少し人間関係を進めると、交渉以外の部分で何らかの形で「貸し」を作り、その貸しのあるうちに交渉を進めるというやり方もあります。人間の心理として、心の中に負い目があると、どうしてもその分を譲歩しようと考えてしまうものです(これを「返報性」といいます)。もちろん、さまざまな局面で一緒にビジネスをしている以上、全く貸し借りなしで通すことは不可能ですが、ビジネスパーソンとしては（特に交渉相手が外部の人間の場合）不用意につけ込む隙を与えないよう、注意すべきでしょう。

交渉そのものを回避する可能性

相手と何か論点になりそうなことが生じたら、常に交渉をしなければならないわけではありません。交渉もビジネスの中の一つの行為であり、「交渉すること」の費用対効果を考慮する必要があります。

交渉しなかったとして、何が起こるか。あるいは、交渉して得られるメリットはそれに投下する時間的・人的コストを上回るのか。こう考えたとき、交渉をしないという選択肢も十分ありえます。これは、新たに交渉を始めるかどうかの判断だけでなく、既に交渉中のもので妥結までの道筋が見えないケースなどにも当てはまります。

もっとも、「交渉を敢えてしないこと」にもデメリットは当然あります。将来論点が再燃する可能性があること、評判が悪化するなど別の分野で副作用が考えられることなどです。

しかし、現実的な解決策が見当たらない論点の場合や、互いの感情が高ぶって建設的な交渉ができない場合などは、物理的に敢えて交渉を進めず（あるいは、そこで打ち切ってしまい）、交渉しないことによる悪影響を小さくすることに注力した方が建設的な場合もあることは留意しておきましょう。

COLUMN チームによる交渉と複層的交渉

本章の補足として、ある相手との一対一の交渉に、複数人からなるチームで取り組むケースについても触れておきます。

交渉の構造は、基本的に一対一の交渉と変わるものではありませんが、交渉を進めていく際にチーム内で守るべき約束事がいくつかあります。

• 交渉構造の理解をチーム内で統一する

本書で触れたBATNA、留保価値、参照値、目標値などについて、どう認識するべきかを統一し、共有しておく必要があります。誰かが不用意に発言して相手に言質をとられてしまうのを避けるためです。言うまでもないことのようにも思えますが、BATNAや目標値などは交渉の途中で変化することがしばしばあります。その変化にチームリーダーは気付いても残りのメンバーは気付かなかった、といった失敗は意外によくあるのです。

• 情報管理を明確にする

交渉では情報の扱いが非常に重要です。相手の BATNA や参照値に関する情報をいかに入手するか、逆に自らのそれをどの程度相手に開示するかには、細心の注意が必要となります。また、アンカリングやフレーミングを形成するため、相手を説得する材料は「どういう順番でどう見せるか」によって効果が大きく違ってきます。入手した情報をチームの誰まで共有するか、こちら側の情報の開示／非開示を誰が決め、運用するかについては、明確なルールを設けてメンバーが行動しやすいようにしておくべきです。

• 役割分担をしておく

交渉は短い時間にダイナミックに局面が動くことがしばしばあります。その都度、チームで合議をして方針を共有しなおせればよいですが、そうもいかないケースも多いでしょう。そこで、交渉の席に臨む際には何らかの役割分担をしておきます。最終的に決断を下し指揮をとるのは誰かを特定するのは言うまでもなく、書記役やプレゼン役も1名ないし数名に集中させた方がよいでしょう。これは、他のメンバーを相手との対話や相手の観察に集中させるためでもあります。

また、交渉当事者が論点に対する直接の意思決定権を持っておらず、別の誰かの決定を待たなくてはならないというケースも、ビジネスではしばしばあります。組織対組織としてみれば一対一の交渉であっても、交渉の現場に出てくる人物には決定権がなく、常に「自組織に持ち帰って決める」というワンクッションが

図表4-7　複層的交渉

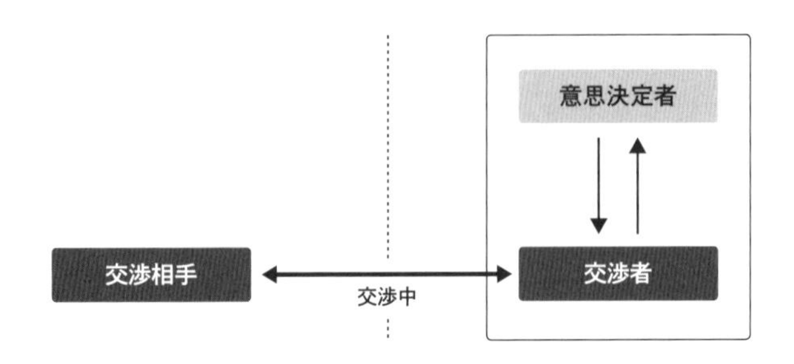

間に挟まるという構造を、「複層的交渉」と呼びます（当事者に決定権がある構造は「単層的交渉」と呼びます）。

この場合、組織にとっての利害や規範とは別に、交渉者および意思決定権者それぞれの個人にとっての利害・感情・規範を探る必要がある点に注意が必要です。たとえば、組織としても、意思決定権者にとっても満足すべき提案を投げているのに、交渉当事者だけがなぜかYesと言ってくれないケースなどです。仮に、そのまま妥結してしまうとこちらの言いなりに押し切られたかのように相手の社内で見えてしまうため、意思決定権者からの評価が悪化してしまうのを恐れて動かない、といった要因があるのだとすれば、彼／彼女の顔が立つような何らかの追加譲歩、あるいは意思決定権者とのコミュニケーションなどが必要となるでしょう。

一方、自分が複層的交渉の「意思決定権なき交渉当事者」となることもあるでしょう。たとえば、交渉相手に強く主張する際に「私はともかく社内が納得しないのですよ」と言うのは、心理的負い目を軽減したり、相手のペースをいったん断ち切ったりするのに効果があります。逆に自分側の意思決定権者の説得が難航している場合は、交渉相手の主張の力を借りることもできます。

組織で働くビジネスパーソンにとって、何らかの新しい仕組みを作るときなどは、特にこの交渉スキルが重要となります。外部の組織との協力関係を築きつつ、自分の属する組織の承認を獲得していく必要があるからです。そのためには、繰り返しになりますが、複雑な利害関係者の構造を把握し、キーパーソン、ライトパーソンを探り当てるスキルと、関係者が一致できるポジティブなビジョンを描き、協力を取り付ける力が重要です。

2　合理的決着を妨げる感情に対応する

「感情」は初めに解決する

実際に交渉を進めていくにあたっては、一般的に、利害の調整に入るよりも先に、まず感情面で行き違いの無い状態を作っていくことが重要です。

相手の感情が高ぶっているような場合は、とにかくまず言いたいことを言ってもらって発散させ、ある程度感情がおさまってから、比較的論理で解決できる話に持っていくことです。これをないがしろにすると、かえって最終的な合意に至る時間が長引いたり、解決できるものもできなくなります。

相手の感情に対するいたわりと、問題を的確に解決に導こうとする真剣さとは、決して対立するものではありません。148

図表4-8 コミュニケーション・プロセス

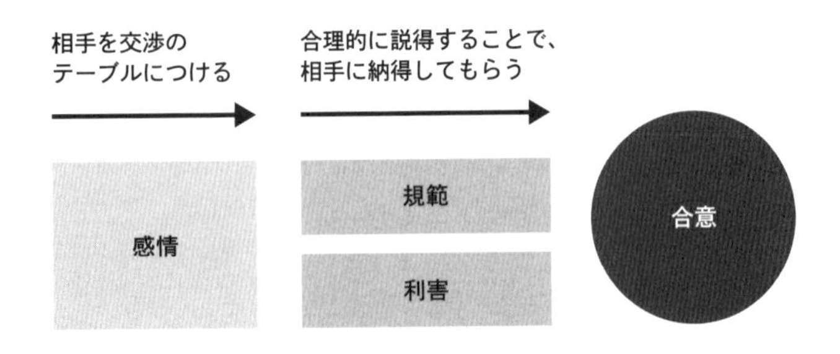

ページで述べたように「五つの核心的欲求」などの枠組みを用いながら、相手の感情が動いた原因について見当をつけ、それを手がかりとして相手の感情をポジティブな方向に変えていくことが求められます。

相手がネガティブな感情を前面に出して接してくると、ついこちらも意地になってそれまでの対応に固執したり、状況をかえりみずにただひたすら謝り続けたり、あるいは感情の解決から逃げて何事も経済的な見返りで解決しようとしたりします。こうした対応は、仮に上手くいかなくても「相手が感情的になってしまったのだから仕方がない」と、正当化されがちです。

しかし、「感情的になってしまって、理屈が通じない」と単にひとくくりにすることなく、相手の感情の根源となっている欲求を認め、それが相手に伝わるような何らかの行動を実際に取ることを意識しておきましょう。

相手の感情への配慮

ここまでは、交渉の中で相手が感情的になってしまったらどう対処するか、という視点でしたが、こちらからあらかじめ相手の感情に配慮することも重要です。

たとえば、こちらの交渉力が明らかに強いときに当然のように強気一辺倒の姿勢で臨むと、相手が「窮鼠猫を噛む」とばかりに強硬な反発をしたり、負かされたことに対する必要以上の怒りや恨みが生じたりする危険があります。

一度きりの交渉であれば、相手の感情はどうあれ勝ってそれきりとすることができますが、ビジネスでは同じ相手と何度も繰り返し交渉が行われる場合も無視できません。そう考えると、相手の交渉力が弱いときにかさにかかって追いつめることは得策とは言えません。相手に敬意や共感を示したり、敢えてある程度の譲歩の余地を残したりと、いわゆる「顔を立てる」態度が必要な場面もあります。適切に行えば、中長期的な相手との関係性を良好にする好機にもなるでしょう。

同様に、相手がそもそも交渉自体に乗り気でなかったり、相手の言動に矛盾が生じたりするときも、正面からそれを追及するのは必ずしも得策ではありません。なぜそういう態度なのか、相手の事情を洞察してそれに配慮した対応を考えてみるべきです。ストーリーにおいて、稲葉は上司の宮島を交渉に巻き込もうとして、やや感情的に「部門リーダーも主張して欲しい」と詰め寄りますが、宮島はそれに乗らず「評価に影響しないから」と別の論点で稲葉をなだめようとします。正論で迫ることが必ずしも奏功するとは限らないのです。宮島が交渉に乗り気でない理由を突き止め、それを解消していく必要があります。

自分の感情に対処する

相手の感情の動きに対処する一方で、自分の感情の動きについても注意していきましょう。前提として、自分自身のことだからといって、感情の動きを完全にコントロールできると期待するのは、あまり現実的ではありません。

もちろん、ある程度冷静で客観的な思考を保ったり、ポーカーフェイスを貫いたりする努力はできますが、深刻なプレッシャーがかかったり、瞬間的に強い感情をぶつけられたりしたときに、感情に支配されてしまうことも十分ありえます。一般のビジネスパーソンとしては、自らの感情が思考や行動にある程度の影響を及ぼすことは前提としたうえで、少しでもその影響を抑え、また交渉の着地点へ直結しないような「受け流し方」を知っておくことが重要です。

感情の影響を抑える方法の一つは、自分や相手の置かれた状況をあらかじめよく把握し、客観視できる眼、いわゆる「メタ認知」できる力を持っておくということです。実は、BATNAや留保価値など、第1章で紹介した交渉を構造的に把握する諸点を押さえておくことは、この「メタ認知」を助ける意味もあります。

これによって、相手の脅しで恐怖や不安をあおられたときも、冷静に対処できる可能性を上げる狙いです。また、148

ページで紹介したような人間の感情の源になる欲求を想定しておくことで、心の準備ができるという面もあります。

他にも、攻守所をかえて、もし自分が相手の立場だったらどんなことを考え、どのような交渉の手を打つかシミュレートするというのも、状況の客観視に有効な一手となります。

行動によるコントロール

感情をコントロールするというと、往々にして、思考や気の持ちように集中しがちですが、具体的な行動や会話によってコントロールしていく手法にも目を向けてみましょう。

たとえば、交渉相手との「つながり」の無さが不安をかき立てるとすれば、交渉の合間の雑談で共通の関心事を見つけるように話題を振っていきます。また、相手が自分に「ステータス」を認めないことで位負けしないよう、きちんとした身なりで臨む、名刺の肩書も相応のものを用意する、交渉場所も立派なところを選ぶ、といった具合です。それと意識しないでも、既に実践されている人も多いかもしれません。

交渉の真最中の瞬間的な感情の動きに対して、頭の中だけで対応するのではなく、何らかの行動を起こすことも一つの手です。プロの将棋棋士は、何時間にも及ぶ対局の中で勝負所が来たと自覚すると、仮に次に指すべき手が分かっていても敢えてトイレに立つことがあるといいます。気分を落ち着け、見落としを防ぐためなのです。

適度な感情表現

ここまでは、感情的になることを抑える話が続きましたが、感情の抑制一辺倒にはマイナス面もあります。

たとえば、感情問題が後にあまり尾を引かないビジネスライクな関係において、こちらだけが一方的に感情を抑制していると、向こうの勢いに押されてしまい不利な立場になりがちです。自分が感情的になることがさほどの悪影響を残さないと判断できれば、相手への対抗として（理性を失わない範囲で）感情を見せるのも一つの手です。

あるいは、交渉者同士で濃い人間関係構築が求められる状況では、自分の感情は相手がおもんぱかってくれるはずだと期待して感情を抑え続けていると、かえって相手から「何を考えているか分からない」「冷たい対応だ」などと不信感を抱かれる恐れがあります。長期的な人間関係を築いていく中では、ある程度感情の動きも素直に相手に見せることが「自分はこういう人間だ」という自己開示となり、文字通り「気心の知れた仲」になっていくものです。ストーリーで、小峰は真剣であることを示すため敢えて「怒ってみせる」ことで、萩尾から方針変更を勝ち取っています。この行動が客観的に良い手だったかは別として、ある程度ホンネの意見のぶつかり合いが必要な状況では、感情を見せることも交渉戦術としてあり得ます。

こうなると、相手のちょっとした癖などからも感情を読み取り、さらには「今は一見怒っている様子だが、ホンネでは○○と考えているに違いない」といった推測もできるようになっていきます。長期的な人間関係が交渉コストを下げるということが、この辺りからもうかがえます。

感情を制御するというとき、ただ抑制するばかりではなく、「意図された感情の吐露」を的確なタイミングで行うことにも留意しておきましょう。

3 規範のすり合わせ

規範に合わせて条件を修正する

交渉において、お互いの規範が相容れないことも当然ありえます。その際に交渉者に求められるのは、お互いが合意のために歩み寄れるよう、規範に合わせて交渉条件を修正していくことです。

とかく規範とは、抽象的な言葉で語られがちですが、その中でも特にこだわりを持つ点や理由づけを明らかにできれば、その点に絞って具体的な譲歩案を示すことができます。たとえば、ストーリーの例で言えば、稲葉にとっては「社の方針には従うべき」という規範と、「営業担当として、期初の目標達成には最善を尽くすべき」という規範の二つがありました。当初は彼女なりに「社の方針には従うべき」の方を優先するという感覚を持っていましたし、上司の宮島からも「目標達成は気にしなくてよい」と優先順位を明らかに示す言葉を受けています。にもかかわらず、彼女は萩尾の提案をあっさりとは受け入れませんでした。「チームリーダーとして、自分が率いるチームが不利な扱いを受けることを容易に受け入れるべきではない」という、また別の意識が働いたためです。

こう考えていくと、二人の若手を異動させるか否かというよりは、二人のマイナス分を営業部門内でどう調整するか、稲葉チームに負担が偏らないようにするにはどうするかが、稲葉にとってのポイントだと分かってきます。見方を変えれば、萩尾はこのような稲葉の立場を見越して、宮島に部門内の調整を頼んでおけば、もっとスムーズに交渉は進んだと考えられます。

合意可能な規範を発見する

他にも、交渉が暗礁に乗り上げた時点では最重要視されていなかったが、実はこれを元に意思決定してもよいと互いに受け入れ可能な別の規範を発見するということも有効です。

相手の中に規範が一つしかないというケースは、それほど多くありません。通常は、複数の規範を同時に持っているものです。そんなとき「これまではAという規範に照らして譲らずに来たが、Bという規範に照らして考えれば折り合うことはできる」、かつ「規範Aよりも規範Bを重視して意思決定してもよいと考えることができる」、そんな規範Bを持ちだすことができれば、説得材料となることでしょう。

ストーリーの例で仮に、「営業目標が達成できなくとも萩尾のプロジェクトの方を優先すべき」という見方が社内に徹底されていなかったとしましょう。すると、萩尾が欲しいと思う若手が営業担当として優秀であればあるほど、「新規プロジェクトのために最高の人材を投入すべき」という考えと、「営業目標は落としてはならない」という考えがぶつかり合って、交渉は暗礁に乗り上げてしまうでしょう。こんなとき、たとえば「イノベール社は成長途上の中堅企業であるから、常に組織を組み替えながら新しい事業に挑戦すべき」といった別の規範があれば、二人を異動させるのに説得力を与えます。

ただし、このとき説得材料に使う規範は、今回の件が無くても相手も同意しうるようなものでないといけません。対立してから取ってつけたように別の規範を提示しても効果は望み薄です。

規範は、一般に倫理的、道徳的な面をもっているため、持ち出したからには直ちに反故にしにくいところがあります。交渉者が本音ではどの程度重視しているかにかかわらず、いわゆる「タテマエ」として交渉が進んでも一人歩きしがちです。相手がどのような規範を持っているか、そのうちどの点にこだわるか、そしてこだわりの強さはどの程度なのかを見極めるのは、合意が難しい状況を打開するための重要な要素となります。

4 価値分配的な交渉場面での留意点

これまで強調してきたとおり、実際に価値創造型交渉を進めるには、お互いからみた価値の違いを認識することがカギとなります。そのため、お互いが協力して問題を解決していくのだという信頼を築き、価値の違いに関する情報をこちらから渡し、同時に相手から聞き出すという姿勢が求められます。

とはいえ、大筋では互いの価値の違いを交換して価値創造型交渉が行われたものの、最後の詰めのところで価値分配型で見られる「駆け引き」的な余地が残る場合もあります。たとえば、第2章52ページのストーリーで、エデュート社とアイ・ラボ社は日本語化作業をエデュート社に委託するという創造的な解決案に合意しましたが、初期費用の額やロイヤリティーの料率について、詰めの交渉が行われる可能性はありました。ス

図表4-9 アンカーの間を譲歩していく

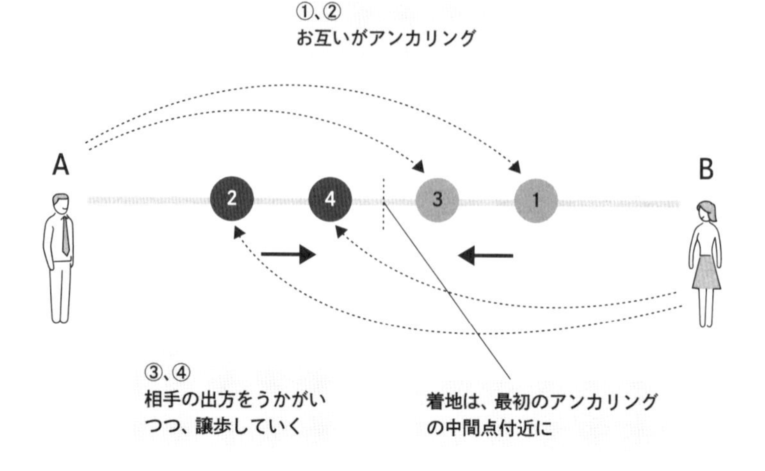

トーリーでは初期費用15万ドルで決着したところ、「14万ドルではどうか」「いや、15万5000ドルで」というように、互いにアンカーを落とし、そこから譲歩幅を縮小させつつお互い歩み合って行くという構図です。

本書では、価値創造のための交渉を重視するため、こうした価値分配的な交渉に関する詳細な解説は別の専門書に譲りますが、このような場面が現れた際の留意点を、いくつか記すことにします。

欲張りすぎと弱腰すぎ

初めに提示するアンカーの値については、自分に有利であればあるほど、そこを出発点にできるのでよいように思うかもしれません。

しかし、現実の交渉においては、あまりに妥当性を欠くアンカーを提示することは危険が伴います。たとえばお互いに値切っていくことが不自然でない交渉（骨董品の買い物など）であれば、ゲーム感覚で少々欲張りなアンカーを落としても問題ないかもしれませんが、多くの場合は、客観的に妥当と思われる落とし所よりも有利なアンカーをわざと落とす人は「油断のならない人」と見なされ、かえって以降の交渉で譲歩を引き出しにくくなる可能性が高まるでしょう。

また、アンカーを落とす際に留まらず、相手の反応にあまりにも添わない欲張りな進め方は、やはり信頼を損なう危険が高まります。

たとえば、相手がかなりの譲歩幅を見せてきたのにこちらからは一向に譲らなかったり、相手が「もう限界だ。これ以下では妥結できない」というシグナルを送っているのに更に譲歩を強く要求したりといったパターンです。もちろん、こちらにそうする必要があればやむを得ませんが、単に駆け引きの一環のつもりでいて、かつそれが相手にも察知されたときには、無用に相手の感情を刺激する結果となりかねません。

逆に、本来であればもう少し交渉の余地はあったのに、早く見切りすぎて交渉を続けていれば取れたであろう利益を取り逃がす、という危険にも留意しましょう。

相手が大胆にこちらに不利なアンカーを落としてきた時に、それに引きずられてほんの少し譲歩してくれた時点で妥結してしまったり、相手が譲歩を小出しにしてきていて、まだ留保価値まで余裕がある段階なのに妥結してしまったりというパターンがあります。

一般に、アンカーから次第に譲歩していくというとき、留保価値に近付いてくると少しでも利益を確保しようという心理で譲歩幅を細かく刻むようになります。したがって、相手の譲歩幅が狭くなってきたら、相手の留保価値に近付いてきたサインです。

アンカーと留保価値等を混同するリスク

交渉は「生モノ」で、常に状況が変化していきます。それだけに、アンカー、目標値、留保価値、参照値といったさまざまな概念をつい混同してしまうミスもしばしば起こります。

たとえば、アンカーを相手に示す際に「なぜこの値なのか」のロジックとして参照値を示すのはよくあることです。そのとき、参照値が「いくつか考えうる中の一つ」でしかないのに「参考事例として○○円だったので、○○円でお願いします」と早々に開示してしまうと、別の参考事例が出てきてそちらの方が妥当性が高い場合に、その価格にせざるを得なくなってしまいます。この場合は、参照値と切り離してアンカーを提示する方が得策といえるでしょう。

最初に言い出した値はあくまでアンカーであって、そこから条件を下げてはいけないわけではないのに、「最初に『これ以下ではだめだ』と言い切ってしまったので引っ込みがつかない」という心理にとらわれ必要以上に交渉で粘ってしまい、相手の心証を害したり、かえって破談にしてしまうというパターンもあります。

交渉者は、特にこれらアンカー、参照値、留保価値を明確に区別して認識する一方で、新たな情報の入手や状況変化によって、これらを柔軟に扱える余裕を持っていることが望まれます。

4 よくある交渉戦術を理解する

最後に、これまで交渉術に関する書籍などで取り上げられることの多い「交渉戦術」について主なものを解説します。

ただし、こうした呼び名のついた戦術は交渉術の書籍で紹介されているだけあって、ある程度手口が知れ渡ってしまっています。一方で、これらの戦術の多くは、第3章で解説したような心理的バイアスを利用しているため、相手に手口が知られていると効果はそれほど期待できません。また、心理的バイアスを「利用」して交渉を有利に進めようとする姿勢自体が、誠実さに欠けるとして、相手からの信頼を損なう危険性があります。やはり筆者としては、序章でも書いたように、心理操作的な仕掛けはなるべくやめて相手に対して誠実に向き合い、信頼関係を作りながら、一緒に価値を創造していこうという姿勢が重要だと考えます。

こうしたことから、こちらから敢えてこうした交渉戦術を用いることはお勧めしませんが、相手から仕掛けられたときの防御という意味では、どういうメカニズムでこうした戦術が「効

図表4-10 瀬戸際戦術

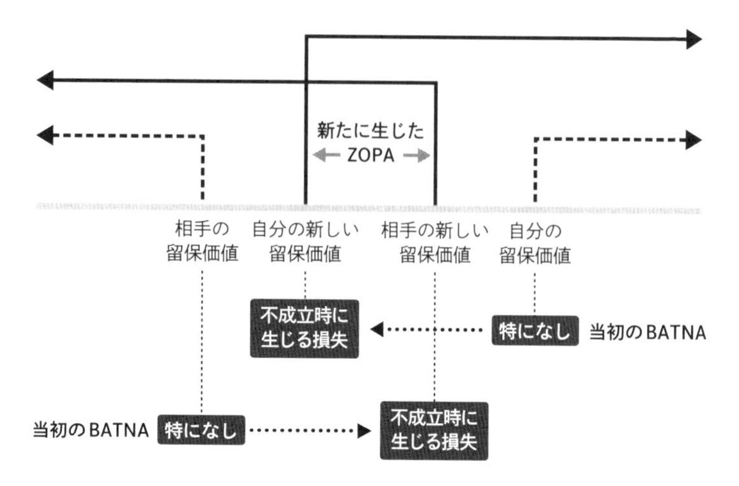

く」とされてきたのか、理解しておく必要があるでしょう。

瀬戸際戦術

自分のBATNAを明らかに損失の大きいものにする一方で、妥結に至らないと相手にも大きな損失が及ぶことをほのめかし、譲歩を迫る戦術です。

身近な例では、わがままを認めてくれないと悪事に走るぞと親や教師を脅す子供が典型的です。ビジネス寄りの例では、このままでは倒産だ、そうするとウチに貸した金は返ってこないだろうと脅して、融資をより有利な条件にしようとする借り手などが挙げられます。

相手の「損をしたくない」心理を利用し、破談の際の損失を過大評価させることで、譲歩を促すわけです。したがって、対策としては、起こり得る損失を冷静に受け止めること、そしてそれを相手にも示すことです。

脅し

瀬戸際戦術もこの一種ですが、相手にとって痛みのある損失を与える状況を意図的に作り出して譲歩を迫るやり方全般も、一種の交渉戦術と呼ぶことができます。対策として『新版ハーバード流交渉術』でフィッシャーらが推奨するのは、相手の脅しをこちらが認知していると明らかにしつつ、やはり交渉の原則に従うことです。すなわち、「このような脅しの手口に対しては、われわれも対抗手段を用意しています。しかし、脅し合いをするより、もっと建設的な手段があるのではないでしょうか」「そんな脅しには乗りません。私は問題の本質的な価値について話し合うつもりです」といった応対をすることです。

やりすごし（時間切れ狙い）

相手の方に時間的なプレッシャーが強く、また自分の目標値とBATNAとの落差がさほど大きくない場合、自分からは交渉妥結に向けたアクションをあえてとらず、相手が早く妥結したいと焦って譲歩するのを待つという戦術です。

対策としては、時間的制約の緩いBATNAを開発するか、相手の関係者から相手に交渉に取り組むよう促せないかを探ることがあります。

「よい警官・悪い警官」

相手に対して高圧的に接する「悪い警官」と、温情をもって接する「よい警官」とに役割を分担して交渉を行う手法を指します。イメージは、警官が容疑者に対して取り調べをしている場面です。「悪い警官」が厳しく当たった後で、「よい警官」が「あいつも若くて未熟なところもあってな」などと悪い警官に否定的な評価をすることで、相手から好意を引きだし、そのうえで「お前も苦労してきたんだな。しかし、このままいくと家族も悲しむだろう。自首して、少しでも罪を軽くしてはどうか」などと自白を勧めるやり方です。

この手法は、最初の「悪い警官」が強気な交渉態度をとった後で「よい警官」が妥協的な提案を出した時、実態以上に譲歩してくれたように感じる錯覚を利用（悪用）します。つまり、後者が前者をいさめるシナリオまで含めて予め仕組んだもので、後者による一見妥協的な提案さえも自分に有利に設定しておく、という仕掛けです。

対応策としては、悪い警官役に動揺させられたまま合意しないよう時間的間隔を置く、よい警官役が出てきたと気付いたら「初めからこういう筋書きなのでは」と気付いていることを相手に知らせる、そもそも一人対複数で交渉する場面をなるべく作らないようにする、などが挙げられます。

ただ、こうした一種の「だまし」のシナリオを抜きにすれば、感情面の対立も予想されて難しい交渉になりそうなときに、複数名で交渉に臨むことにして、感情的なやり合いを引き受ける役に相手の感情の矛先を向けさせておき、それ以外の者はその陰で冷静に判断できる状況を作るというやり方は、一考の余地はあるでしょう。

「悪者」

「よい警官・悪い警官」のバリエーションで、一人で交渉するときにも相手の感情の矛先を自分からそらす手法として、「悪者を登場させる」こともあります。
「私はあなたのお立場がよく分かるのですが、上司が筋の通らないことが嫌いな人で、納得してくれないのですよ」
「あなたのところから買いたいのはやまやまなのですが、妻がどうしてもあそこの品じゃないと嫌だと言っていまして」
といった具合です。

相手がこの手法を取ってきたときの対策は、ここまで述べてきたように相手の利害と関係者の利害を客観的に推測することです。こちらが使う際の注意点としては、重要な交渉で多用すると、肝心な意思決定ができない人物とみなされ、信用を落とすという危険が挙げられます。

ドア・イン・ザ・フェイス

これは、いったん相手に無理な要求を投げておき、相手が断ってきたところで、さも最初の要求から譲歩したかのように装って本当に実現したかった要求を出すというものです。

たとえばある家具屋で5万円の机を売りたいと考えていたとします。このとき店員が、最初に6万円や7万円あたりの机を勧め、顧客が「高いな」と言って断ったら、次に例の5万円の机を勧めます。こうすると、最初から5万円の机を勧めたり、あるいは最初に3万円、4万円の机を勧めた後で5万円の机を見せたときよりも、より効果を発揮するというものです。

このメカニズムとしては、「最初の提示で高い価格を示し、そこから値下げをしたことによるお得感の演出」というフレーミングの効果が挙げられますが、それだけでなく「いったん相手の要求を断ってしまったので、次はそのお返しとして相手の要求を叶えてやりたい」「相手は売り手として本来なるべく高い商品を買わせたいだろうに、こちらが高すぎだと言ったので、安い商品に譲歩してくれた。その譲歩には、こちらもある程度は応えないといけない」といった、相手の好意に応えたい、犠牲に報いたいという心理も働いています。後者の心理は「返報性」と言われ、人間社会に根強く浸透しているルールであるがゆえに、免れるのは難しいのです。

対策としては、相手の要求をいったん断ったときに、「これはドア・イン・ザ・フェイスのためのおとりかもしれない」と連想することです。

フット・イン・ザ・ドア

これは、いったん相手が承諾しやすい易しい要求を投げて、それが実現されたところで、本来の要求を投げかけるというものです。

たとえば、住宅リフォームの営業担当者が訪れてきて、「お宅のベランダ、もしリフォームをするとしたらということで、見積もりを出させてください」と持ちかけてくるとします。実際に発注すると決めたわけではないし、見積もりだけならと承諾しますと次に、見積もりを出す材料と称してさまざまなアンケートへの記入を依頼され……というように、最初のうちは顧客が応じやすい依頼を重ね、それを顧客が承諾し実行したところで、営業担当者にとって本当に出したかった「ウチを使ってリフォームをしませんか」という話題を切り出すというものです。

これらは、116ページで紹介した「立場固定」のバイアスの中でも特に、人は一度示した態度・意見に整合するような行動を一貫して取り続けようとする「一貫性」の心理を利用したものと言えます。

ロー・ボール・テクニック

フット・イン・ザ・ドアと似た構造でロー・ボール・テクニックというものもあります。これは、初めに相手にとって魅力的な条件を提示し承諾を得た後、条件を本来提示したかったものへ変更してしまうというものです。たとえば、あるサービスについて「いまご加入の方に無料で○○人形をプレゼント」と称して宣伝し、加入者が集まったところで「申しわけありませんが、人形は都合によりご提供できなくなりました。代わりにハンドタオルをご提供します」などとするのです。このとき、代替の景品であるハンドタオルは当初の景品の○○人形より価値が低いのですが、もし最初からハンドタオルが景品として示されたとすれば加入契約自体しなかったという人でも、なかなか「じゃあ、解約します」とは言いにくい心理を利用したものです。

第4章　まとめ

- ✓ 交渉状況を把握するための留意点として、関係者の整理は重要な割に後手に回りがち。マッピングなどで可視化を。
- ✓ 相手が非協力的なケースや、相手の言動に矛盾があるケースなども、相手視点に立つと打開策が見えてくる。
- ✓ 相手を見るときと同様の客観的視点を、自分の状況についても当てはめてみる。
- ✓ 一連の交渉のスケジュールや舞台設計、巻き込む関係者によっても交渉の結果は左右されうる。それぞれの変数について考慮したうえで決めていく。
- ✓ 相手の感情の動きや動く原因を理解し、感情面でのずれがあれば具体的な利害の交渉に入る前になるべく解決を図る。
- ✓ 自分の感情の動きはメタ認知などによって、なるべく制御する。ただし、相手との信頼構築のための自己開示として、適度に感情をあらわすのは良い。
- ✓ 相手の重視する規範によって、見えている情報は同じでも解釈が異なることがある。相手の規範に沿った解決策を提示することで、合意に導くことができる。
- ✓ 相手の規範については、属性や行動観察などによって、仮説を立てながら推測していく。
- ✓ 主な交渉戦術については、相手から仕掛けられて不利な立場にならないよう、よく理解しておく。

おわりに

「よりよい交渉の進め方」に関する書籍を作ろうという企画がグロービス内で立ちあがって以来、原稿を書き進めてきた中で、大きく二つの課題がありました。

一つは、なるべく幅広い立場のビジネスパーソンにとって身近で、かつ役に立つ実感を持っていただくという点です。「はじめに」でも書いたとおり、とかくビジネスにおける交渉というと、大がかりなM&Aや海外進出、労使交渉など、日常業務とは異なる場面で限られた立場の人たちが行うものという印象を伴いがちです。また、交渉とは自分が相手よりいかに得をするかを争うもので、時には相手を脅したり出し抜いたりしても構わないといった、よくない印象を持っていた人もいることでしょう。

そんな印象を払拭し、交渉とは「日常業務を進めていくに当たっても大いに使える」「なるべくなら避けて通りたいことではなく、お互いにとって、やる意義のある営みである」とのメッセージを強調しようと考えました。そのため、各章に会社の中で日常的にありそうなストーリーをおき、説明の中でも例示を多く取り入れるとともに、「価値創造型交渉」の解説に思い切ってフォーカスしました。

もう一つは、特定の状況に応じた対策を羅列するよりも、多様な場面で汎用的に使えるよう、交渉の構造やメカニズムを明らかにしていくという点です。交渉の準備や進め方は、あまり抽象的に書いても実感を持って伝わりませんが、一方であまり細かく具体的に書くと今度は「その状況ならではの話であって、少し状況が変われば全く別の話となるので、学んでも役に立たないのではないか」という疑問が生じがちです。これまでのビジネス交渉に関する書籍はアメリカで書かれたものの翻訳が多く、そこでは当然、示されている事例もアメリカが舞台でした。本来ならば、交渉の構造やメカニズムには環境の違いを超えた普遍的な部分があるはずですが、事例の設定の違和感に引きずられてスッと腹落ちしないとすればもったいない話です。

そこで、ストーリー等で用いる事例は、なるべく現代日本のビジネスシーンとして違和感のないものにしました。また、「こういう場合はこうせよ」式に個別の状況と対策とを前面に出すよりも、目に映る事柄の背景にある構造や、交渉者が考えたり感じたりするメカニズムに重点を置くことを心がけました。

この効果がどこまであったかは読者諸氏の評価に委ねるしかありませんが、書かれている内容を身近に感じ、汎用的に役に立つと思っていただけたら幸いです。

さて、本書はこのような課題を念頭に置いてまとめましたが、交渉はさまざまな分野にまたがった幅広く、また奥行きの深い世界です。さらに詳細に学習されたい方は、参考文献リストに挙げている書籍で学ばれるとよいでしょう。また、より実践的なスキルを身に付けたい方は、ビジネススクールを受講することで交渉を疑似体験するのもいいでしょう。我々グロービスでは、2年間の経営大学院のみならず、アラカルト方式のクラスにて「ファシリテーション＆ネゴシエーション」という科目を日本語／英語で開講しています。ぜひこうした学びの機会も積極的に活用いただければと思います。

最後に、本書の内容は、グロービスのネゴシエーションのクラスにて繰り広げられた議論によって磨かれてきたものです。これまでに関係されたグロービスの講師、および受講生の方々に御礼申し上げます。また、『グロービス MBA マネジメント・ブック』で交渉術の項目の執筆にご協力いただいた林幹浩氏に感謝申し上げます。

そして、本の完成を辛抱強くサポートしてくださった株式会社ダイヤモンド社の木山政行副編集長と真田友美氏に、厚く御礼申し上げます。

参考文献

ロジャー・フィッシャー、ウィリアム・ユーリー、ブルース・パットン　著、金山宣夫、浅井和子　訳、『新版ハーバード流交渉術』 TBSブリタニカ、1998年

ロジャー・フィッシャー、ダニエル・シャピロ　著　印南一路　訳、『新ハーバード流交渉術　感情をポジティブに活用する』 講談社、2006年

ディーパック・マルホトラ、マックス・H・ベイザーマン　著、森下哲朗　監訳、高遠裕子　訳、『交渉の達人　いかに障害を克服し、すばらしい成果を手にするか』 日本経済新聞出版社、2010年

マックス・H・ベイザーマン、マーガレット・A・ニール　著、奥村哲史　訳、『マネジャーのための交渉の認知心理学　戦略的思考の処方箋』 白桃書房、1997年

G・リチャード・シェル　著、青島淑子　訳、『無理せずに勝てる交渉術』 TBSブリタニカ、2000年

デービッド・A・ラックス、ジェームズ・K・セベニウス　著、斉藤裕一　訳、『最新ハーバード流　3D交渉術』 阪急コミュニケーションズ、2007年

マイケル・ウィーラー　著、土方奈美　訳、『交渉は創造であるハーバードビジネススクール特別講義』 文藝春秋、2014年

ロバート・B・チャルディーニ　著、社会行動研究会　訳、『影響力の武器［第三版］ なぜ、人は動かされるのか』 誠信書房、2014年

ダニエル・カーネマン　著、村井章子　訳、『ファスト&スロー　あなたの意思はどのように決まるか？』（上）（下） 早川書房、2014年

Ross, Lee. "Reactive devaluation in negotiation and conflict resolution." Barriers to conflict resolution (1995): 26-42.
井沢元彦　著、『逆説の日本史〈5〉中世動乱編　源氏勝利の奇蹟の謎』 小学館、1997年

グロービス経営大学院　編著、『グロービスMBAマネジメント・ブック　改訂3版』 ダイヤモンド社、2008年
グロービス経営大学院　著、『グロービスMBAクリティカル・シンキング　コミュニケーション編』 ダイヤモンド社、2011年

著者略歴

グロービス

1992年の設立来、「経営に関する『ヒト』『カネ』『チエ』の生態系を創り、社会の創造と変革を行う」ことをビジョンに掲げ、各種事業を展開している。

グロービスには以下の事業がある。（http://www.globis.co.jp ）

- グロービス経営大学院
  - ・日本語（東京、大阪、名古屋、仙台、福岡、オンライン）
  - ・英語（東京、オンライン）
- グロービス・マネジメント・スクール
- グロービス・コーポレート・エデュケーション（法人向け人材育成サービス／日本・上海・シンガポール・タイ）
- グロービス・キャピタル・パートナーズ（ベンチャーキャピタル事業）
- グロービス出版（出版／電子出版事業）
- 「GLOBIS 知見録」（ビジネスを面白くするナレッジライブラリ）

その他の事業：

- 一般社団法人 G1（カンファレンス運営）
- 一般財団法人 KIBOW（震災復興支援活動）

<企画・構成・執筆>

大島　一樹（おおしま　かずき）

グロービス　ファカルティ本部研究員。東京大学法学部卒業後、金融機関を経てグロービス入社。出版局にて書籍の企画、執筆、編集を担当。共著書に『グロービスMBAクリティカル・シンキング　改訂3版』『グロービスMBAマネジメント・ブックⅡ』（以上ダイヤモンド社）など。

<企画・構成協力>

岡　重文　グロービス経営大学院　教授

嶋田　毅　グロービス出版局　編集長、グロービス電子出版　発行人兼編集長、グロービス経営大学院　教授

グローバスMBAで教えている
交渉術の基本
――7つのストーリーで学ぶ世界標準のスキル

2016年6月9日　第1刷発行
2023年12月14日　第4刷発行

著　者――グロービス
発行所――ダイヤモンド社
〒150-8409　東京都渋谷区神宮前6-12-17
https://www.diamond.co.jp/
電話／03·5778·7233（編集）　03·5778·7240（販売）
装丁――――デザインワークショップジン
本文デザイン―岸 和泉
製作進行――ダイヤモンド・グラフィック社
印刷――――ベクトル印刷（本文）・新藤慶昌堂（カバー）
製本――――ブックアート
編集担当――真田友美

ISBN 978-4-478-06694-2